U0032502

感覺十書

蔣勳談美

目次

第一封信 ◆ 南方的海 5
第二封信 ◆ 故鄉與童年的氣味 27
第三封信 ◆ 空 47
第四封信 ◆ La vie est d'ailleurs 71
第五封信 ◆ Andrei Rublev 93
第六封信 ◆ 苦 115
第七封信 ◆ 童年的聲音 139
第八封信 ◆ 金石絲竹匏土革木 159
第九封信 ◆ 山色有無中 179
第十封信 ◆ 燭光 199

南方的海

《第一封信》

ㄚ民：

我收到你的信，知道你去了南方。

你信中說到空氣裡海的氣味，使我想起了昆布、海藻、貝殼、牡蠣，或魚族身上鱗片和濕滑的黏液。當然，還有鹽，潮濕的、在空氣裡就飽含著的鹽的氣味，使一陣陣吹來的風，像一匹垂掛在空中飛不起來的、沉重的布，沉甸甸的，可以擰出鹽來。

你說：閉起了眼睛，就聞到風裡帶來一陣一陣海的味道。

我想像你的樣子，閉起眼睛，深深吸一口氣。深深吸一口氣，鼻腔裡都是海的氣味。喉管裡也是，那氣味逐漸在肺葉裡擴張，充滿肺葉裡每一個小小的空囊，每一個空囊都因此脹滿了，像許多小小的海的氣泡。氣泡上上下下浮動著，像海浪一樣洶湧澎湃著。

ㄚ民，氣味是什麼？是空氣裡最細微最小的存在嗎？

我張開眼睛，看不見氣味；我伸出手去抓，也抓不到氣味。

但是，氣味確實存在，散布在空氣的微粒中，無所不在。

我們常常被不同的氣味包圍著。

如果在南方，你就被海洋的氣味包圍了。

我相信，你還沒有看見海，還沒有聽見海，那一陣陣的海的氣味就襲來了。

氣味無所不在，氣味也無遠弗屆。

你覺察到嗎？動物的嗅覺非常敏銳，牠們似乎常常依靠嗅覺裡的氣味找到食物，也常常依靠嗅覺裡的氣味警覺到危險。好像在街上流竄的狗，總是在街角和電線桿下嗅來嗅去。有人告訴我，狗在牠跑過的地方便溺，是在留下身體的氣味，用這些散布的氣味，聯結成自己的勢力範圍。這個故事使我想了很久，人類的勢力範圍，從個人、到家庭、到國家，也都有防衛的邊界。用圍牆、瞭望站、堡壘、鐵絲網、各種武器和警報系統，多是視覺上可見的邊界。狗的邊界竟是嗅覺的邊界嗎？在生物的世界，還有物種是依賴著嗅覺存活與防衛自己的嗎？

小時候常蹲在地上看昆蟲，昆蟲來來去去，有一種敏捷，像螞蟻，好像有一種嗅覺的準確，好像靠氣味溝通，連成一條浩蕩的行列，組織成嚴密的結構。只是我一直遺憾著，對牠們氣味的世界所知甚少，我卻也因此開始省視許多動物身上存留的敏銳的嗅覺經驗。

你記得五代人畫的一幅《丹楓呦鹿圖》嗎？在一片秋深的楓林裡，一頭大角麋鹿，昂首站立，牠似乎覺察到空氣裡存在著不是同類的體嗅。牠在空氣中辨認那氣味，逐漸靠近，越來越濃，越來越確定。可能是一頭花豹的氣味，遠遠就在空氣中傳出了警訊，使麋鹿可以朝不同的方向奔逃。

麋鹿依靠空中散布的氣味，判斷危險的存在，遠比牠聽到或看到更早。嗅覺發布的警告，往往在聽覺視覺之前，當然，也更在觸覺與味覺之前。

嗅覺彷彿是最不具體的感覺，氣味是最不具體的存在。但是，卻是最機警的感官，也是最纖細的存在。

對許多家庭來說，蟑螂和老鼠是最頭痛的東西，食物怎麼儲藏，好像都會被牠們找到，但是也不得不佩服，這些昆蟲動物嗅覺的敏銳。我在想，我們還有多少用嗅覺尋找物件的能力？

丫民，我想像你在海洋的氣味裡沉迷陶醉的模樣。

海裡除了鹽的鹹味，還有一種腥。鹽的鹹味接近味覺，但不是味覺，不是經由口腔味蕾感受到的。

鹹，是空氣裡潮濕的水分中飽含的鹹。

腥，好像比較難理解。

我想像，腥是許多許多大海裡死去的魚類、貝類、海藻類的屍體的氣味的總和吧。

我去過一些漁港，剛捕撈上來新鮮的魚，帶著一種活潑生猛的氣味，和腥味不同。腥味好像是死去已久的魚的屍體在空氣中持久不肯散去的憂傷怨憤。

一片大海裡，有多少死去的魚的屍體？分解了，被腐蝕了，化成很小的部分，還會被蝦蟹啄食，被蟲豸吸吮。最後，沒有什麼會被看見，好像消逝得乾乾淨淨，但是，氣味卻還存在，氣味瀰漫著，好像證明那存在沒有消失，反而更強烈。

氣味是生命最後，也最持久的堅持嗎？

所以，ㄚ民，你聞嗅到的海洋的氣味，是多麼古老的記憶。

是的，空氣裡嗅覺的記憶，人類的語言和文字最難以描寫的一種感官，卻這麼真實地存在著。

古老的埃及人，很早就使用了香料。從植物中提煉的香精，用小瓶子貯存著，女人們盛裝時，把特別設計的小瓶子藏在髮髻中，便一直散發著使男人察覺，卻找不到來源的氣味。

氣味好像與本能的記憶有關。

許多動物是靠著氣味尋找交配的對象的。

因為肉體上一種特殊的性腺的分泌，使雌雄的動物有了欲望，有了發情與交配的季節。

在視覺聽覺的選擇都還不強烈的時期，人類是否也曾經像動物一樣，依靠著嗅覺尋找交配的伴侶？

在路上，看到貓狗相遇，注意到牠們總是習慣性地嗅聞彼此的下體，辨識交配的對象。

人類也有過那樣的階段嗎？

嗅覺是更貼近原始本能的記憶嗎？

ㄚ民，我閉著眼睛，回溯向自己嗅覺最初記憶的深處。

我不知道什麼時候，在母親的子宮內成了胎。我不知道什麼時候，那細小的胚胎有了感覺。我的視覺、聽覺、味覺，都還在懵懂中，一切混沌曖昧，那時，我是否能夠嗅到什麼？

我最早的嗅覺，是母親的身體嗎？

我好像浮游在水中，我已經有了觸覺嗎？

丫民，我都不確定，我只是想模仿你，閉起眼睛，像一個包圍在海洋中的胎兒，用那樣真實的方式去感覺海，感覺外面的世界。

是的，我最初嗅覺的記憶，是母親的身體。

我是母親哺乳的。我常常在嗅覺裡尋找母親身體的記憶。我吸吮母乳時，眼睛是閉著的，我感覺到母親厚實穩定的胸脯，微微呼吸的韻律；我感覺到母親的體溫，像暖暖的洋流，一波一波襲來；這些觸覺的記憶，一直非常清楚。但是，有一些記憶，比較不具體，好像是一種氣味，我可以閉著眼睛，完全放心，相信母親這麼近，我被一種難以形容的氣味包圍著，是母親身體的氣味。

大了以後，我跟母親很親。母親常笑我，說我吃完了奶，安心趴在她

胸前睡著了，睡得香甜，但是，母親把我遞給別人，一換手，我即刻警覺了，便大哭起來。

所以，母親身體的氣味是很具體的嗎？

母親又說，我長到很大，斷了奶，卻還是要在手中攢著一塊擦奶的布，才能安穩睡著，布一抽掉，便又驚醒了。

母親的身體在我嗅覺裡的記憶如此持久嗎？

初生的動物，總是用口鼻鑽在母體懷中索乳，眼睛是閉著的。

丫民，是不是我們的視覺用得太多了，總是用眼睛看，遺忘了，也忽略了視覺之前，許多更原始的感官。

我在印度的文化裡，感覺到許多嗅覺的開啓。

印度教的寺廟總是充滿了氣味。燃燒的各種香木粉末的氣味，熱帶濃郁的花香的氣味，從鼻腔衝進，好像衝上腦門，把邏輯理性的思維都趕走了，視覺便有些恍惚迷離起來。

好像只要視覺一恍惚，原始官能細微的末梢，便纖細地蠕動起來。喝了酒，或陶醉在官能裡的人，好像總是瞇著眼，視覺也總是模糊朦朧的。視覺是通向理性的窗口嗎？關閉了視覺這一扇窗，我們就可以找回潛藏的原始官能了。

印度教寺廟裡熱帶的香料、香花、熟透的果實，好像是一種催眠，使人搖蕩著進入一個被嗅覺氣體瀰漫的感官世界。

我去過印度的鹿野苑，佛陀第一次說法的城市，靠近恆河，我走到河

邊，路的兩邊，有些微火光，我走近看，是構木成床架，燃燒屍體。屍體四周，布滿供奉的香花。木材嗶嗶剝剝，火光跳躍，撲面而來的是一種氣味，肉體腐爛的氣味，油脂燃燒的氣味，花的濃郁的甜香，混雜著毛髮皮膚的焦苦的氣味。

我閉著眼睛，靜靜站立，ㄚ民，我覺得第一次嗅到生死的氣味，這麼真實，所有生存過的欲望，變成花香，柴火的乾烈，肉體裡油脂、毛髮、皮膚，隨著火光，化成煙灰，這麼複雜的氣味啊！

所有的生命，不論如何存在過，最後都變成一種氣味吧，停在空氣中，久久不會散去。

氣味消失，大概就真的消失了罷！

所以，我這麼沉溺在一些氣味裡，是因為懼怕消失嗎？

在母親臨終的床前，我把她的身體抱在懷中，我俯在她耳旁，念誦《金剛經》：「無我相、無人相、無衆生相、無壽者相。」我好像要安慰母親，沒有什麼是永恆存在的。但是，ㄚ民，在那一剎那，母親忽然變成一種氣味，包圍著我，充滿著我。

她沒有消失，她轉換成非常小的一種我看不到、摸不著的存在，變成了無所不存在的氣味，隨我走去天涯海角。

好像，最貼近我們記憶底層的感覺，常常是嗅覺，像母親、像生死、像故鄉。

什麼是故鄉的氣味？

ㄚ民，我說的故鄉，並不是國家，國家是沒有氣味的，但是，故鄉常

常是一種氣味，一種忘不掉的氣味。

我相信故鄉的氣味是很具體的。

我記得的是家門口青草地裡鵝糞和鴨糞的氣味，夏天午後，被曬得炙熱的土地，忽然被一陣暴雨激揚起來的塵土的氣味，灰撲撲、帶著溫度的氣味。颱風過後，一條大河裡漂來的冬瓜清新的氣味，屍體脹滿的死豬肉體的氣味。我一閉起眼睛，那些氣味就活躍了起來。

家門口有一口甕，家家戶戶都把剩下的菜飯倒進去，傍晚時分，收集豬食的人，推著板車，把甕裡的菜飯倒進大桶裡，大桶滿了，搖搖晃晃，空氣中便瀰漫起許多食物餿酸複雜的氣味，好像吃飽了以後，打了一個嗝，從胃裡釋放出來的熱撲撲的氣味。

下午市場收攤以後，我走過空空的、一個接一個攤位。砧板上留著死去豬肉的味道，一點殘存的血腥的味道，招來一群蒼蠅。其實用視覺看，看不見什麼，並沒有血跡，所以，昆蟲是比我們的嗅覺更敏銳的嗎？

我瞇著眼睛，走過去，魚販的味道很明顯，好像那些蝦、蟹、蚌、牡蠣、烏賊都還在。都變成看不見的魂魄，散布在空中。

還有青蔥的氣味，蒜的氣味，薑的辛烈的氣味，我停了一會兒，空氣中停留著九層塔的氣味，芫荽的氣味，蘿蔔的氣味，以及藕根的氣味，很淡，很悠長的藕香，對自己的存在非常自在從容的氣味。

在收攤以後的市場，那些氣味，停留在空中，好像彼此對話，好像記憶著、論辯著他們曾經存在過的肉體，然而肉體已經消逝了，肉體已經一一昇華成了氣味。

ㄚ民，我在想，有一天，我的肉體消失了，我會存留下一種氣味嗎？會是什麼樣的氣味呢？

我童年的故鄉有淡水河和基隆河，兩條河流的氣味，河岸邊泥濘的氣味，林投樹和欖仁樹的氣味，密密的林木裡，吊著貓狗屍體的氣味，招潮蟹一坑一坑洞穴潮濕鬱悶的氣味。

颱風來臨之前，空氣裡特別沉靜的氣味，我一路走過，田埂上有新蛻去的蛇皮的氣味，有泥鰍和鱔魚黏滑的氣味。

一種紫色的豌豆花在竹架上綻放的氣味，含笑在中午十二時濃郁不散的甜甜的香氣，跟茉莉不一樣，茉莉好像更遠、更淡，在腳跟下迴旋，若有若無的氣味。

ㄚ民，籬笆邊種了一排扶桑，綠色茂密的葉子，花很紅，像一種喇叭形的吊鐘。我喜歡把鼻子湊近花心裡，深深吸一口氣，甜熟的氣味，即刻沁透入鼻腔。

故鄉的記憶，是那麼多揮之不去的氣味，交錯著，一點也不雜亂，好像歸在記憶檔案裡的資料，一點都沒有遺漏，隨時一按鈕，就一一出現了。

我第一次離開故鄉，忽然發現周遭的氣味變了，好像時差一樣，故鄉的氣味，也會在夜裡忽然醒來。在異地的夜晚，以為沉睡了，以為遺忘了，那氣味卻忽然浮起，使你無眠。

原來，鄉愁也是一種氣味。很長一段時間，我在睡夢中，忽然會嗅到一種嗆鼻的味道。很辛辣，鹹而且苦，從熱油中爆炒，升騰起熱烈刺激的臭辣，我嗆到鼻眼都是涕淚。好像是隔壁在用熱油大火爆花椒、辣椒、豆豉、鹹魚。我醒過來，真的涕泗橫流。但是，什麼都沒有，

而那種氣味，那麼頑強，不肯消失。

我去過一條溪谷，兩岸都是薑花。我坐在運送林木的大卡車上，海口方向吹來長長的風。薑花的氣味，像一片細細的絲綢，在我身體四周飄拂纏繞，我仰著頭，閉起眼睛，那遠遠的薑花的香，來來去去，是這麼真實的故鄉的氣味。

我覺得童年也是一種氣味的記憶。

我的童年，有許多果樹氣味的記憶。夏天暑熱的午後，廟埕後有一棵巨大的龍眼樹。我從小學翻牆出來，背著書包，爬上龍眼樹，躲在密密的枝葉裡。外面日光葉影搖晃，隱約聽見老師或母親尋來，在樹下叫著我的名字，但那呼喚的聲音，被蟬聲的高音淹沒了。我一動不動，找到一處適合蜷窩身體的枝椏，好像變成樹的一部分，而那時，龍眼樹密密的甜熟的氣味就包圍著我。我閉起眼睛，好像在假寐，也像在作夢，夢裡一串一串纍纍的龍眼，招來許多蜜蜂果蠅。我童年的夢，很甜很香，好像一整個夏天都窩在那棵樹上，包圍在濃郁的氣味裡作了一個醒不來的夢。

丫民，童年充滿了氣味，泡在鹽水裡楊梅酸酸的氣味。鳳梨削皮時刺激口液的氣味。甘蔗田裡，甜而燥熱的氣味。用草繩綑紮的大冰塊沁涼的氣味。泡在井水裡剛撈起來的西瓜冰冽的氣味。芒果樹和荔枝樹的氣味。端午節懸掛在門口菖蒲與艾草的氣味。母親說，那氣味可以阻擋妖魔邪祟，還有雄黃調在高粱酒裡的氣味，好像也可以除邪祟。

或許，民間一直相信，生活裡的氣味，都可以避除邪祟吧！

但是，記憶裡學校好像是沒有氣味的。

校長每天朝會的訓話，總是沒有氣味的，因此，也很難記憶。我記得

的校長的氣味，其實是他頭髮上油油厚厚的髮蠟的氣味，他說的話，我都不記得了，我單單記得他頭髮上的氣味。我有時想畫一張小學校長的畫像，那時我會閉起眼睛，努力回憶他頭上髮蠟的氣味，而不是他口中每一天重複的訓話。ㄚ民，使一個人走向藝術的，不是教訓，而是一些身體深處揮之不去的感覺記憶吧。

我徜徉在母親、故鄉、童年、交錯的氣味裡，像浮蕩漂流在一片看不到邊的大海中。ㄚ民，你從南方回來的時候，要帶回來海的氣味好嗎？

《第二封信》

故鄉與童年的氣味

ㄚ民：

你從南方回來，帶了一張小幅的油畫給我看。我湊近畫，閉著眼睛，嗅了一下說：「有味道！」

你說：「是嗎？我用了亞麻仁油，一點松節油。」

「不，不是，我是說：有海的氣味。」我說。

「是嗎？」你高興地笑了。在南方一段時間，皮膚曬得黑紅，你笑開的唇間，牙齒白白的，看起來年輕、明亮、燦爛。

是的，你的畫裡有海的氣味。ㄚ民，單純的照片常常是沒有氣味的，但是，好的畫，通常都有氣味。

你知道，梵谷在Arles的畫，幾乎都有麥田的氣味，看著看著，好像把一束麥梗放在齒間咀嚼，麥梗上還帶著夏天的日光曝曬過的氣味。

有些畫家的畫是沒有氣味的，畫海沒有海的氣味，畫花沒有花的氣味，徒具形式，很難有深刻的印象。

我覺得，元朝的王蒙，他的畫裡有牛毛的氣味。有一次，在上海美術館看他的《青卞隱居圖》，我閉著眼睛，那些停留在視覺上、毛茸茸、蜷曲躁動的細線，忽然變成一種氣味。好像童年在屠宰場上，看到橫倒死去的牛隻，屠夫正用大桶燒水，澆在皮毛上。毛就一片片豎立起來，騷動著，好像要從死去的身體上獨自掙扎著活起來。

繪畫並不只是視覺吧，莫內晚年，因為白內障失明，失去了視覺。但是那一時期，他作畫沒有中斷，好像依憑著嗅覺與觸覺的記憶在畫畫。一張一張的畫，一朵一朵的蓮花，從水裡生長起來，含苞的蓓蕾，倒映水中，柳梢觸碰水面，盪開一圈漣漪。我在那畫裡聽到水聲，觸摸到飽實的花苞，我嗅到氣味，Giverny 水塘裡清清陰陰的氣味，莫內並不只是用視覺在畫畫。

ㄚ民，視覺只是畫家所有感官的窗口吧，開啓這扇窗，你就開啓了眼、耳、鼻、舌、身；你的視覺、聽覺、嗅覺、味覺、觸覺，也都一起活躍了起來。

我去普羅旺斯的時候，是為了感覺塞尚畫裡的氣味。ㄚ民，你知道，那條通往維克多的山路，塞尚為了寫生，走了二十年。我走進那一條山路，遠遠可以聽到海風，海風裡有海的氣味，和故鄉潮濕鹹腥的海不同，那裡的海，氣味比較乾燥清爽，比較安靜，是地中海的氣味。我一路走下去，空氣裡有松樹皮辛香的氣味，有一點橄欖樹木的青澀的氣味，在塞尚畫過的廢棄的採石場，我嗅到熱烈過後冷冷的荒涼氣

味，有堆積的礦土和空洞孔穴的氣味。

塞尚的畫裡，有岩石粗礪觸覺的質感，有聽覺裡海與松林的風聲，但是，這一次，我純粹為了尋找他的氣味而來。

好像我們以前在學校裡做過的一個功課，一個同學騎著摩托車，你坐後座，用黑布蒙上了眼睛，塞了耳塞，由前座的人載你亂逛，兩個小時以後，你回來了，取掉眼睛上的布罩，向其他人敘述你經過了哪些地方。

我記得，你時常閉起眼睛回憶，好像在關閉視覺的時候，那些嗅覺或皮膚上的記憶會更顯明。

你可以通過嗅覺，辨識大片已經結穗的、有著穀香的稻田。撲面而來的風，帶著那麼濃郁的稻葉和穀粒的香氣。你確定摩托車經過一個黃昏市場，你聽到人聲的吵雜喧嘩，你也嗅聞到肉販、魚販，以及各種青菜果實的氣味。你記得經過一條窄巷，依憑皮膚上的觸覺，風速加快了，你回憶著說，巷弄裡有烹煮食物的氣味，鹹、辣、酸、甜的氣味，米飯和麵食的氣味，正好是家家烹煮晚餐的時候，你問騎摩托車的同學：我們經過了一個眷村宿舍嗎？

在一旁聆聽的同學都驚訝了，你可以用嗅覺這麼準確地判斷出周遭的環境。

丫民，這些年，許多老舊傳統眷村拆除改建了，你還會留著那裡氣味的記憶嗎？

很多人試圖留著歷史，保留視覺和聽覺的記憶，但是嗅覺呢？嗅覺是不是也是更真實的一種歷史？

我睡在床上，記得童年的床單、被套、枕頭套，都是用淘米的水漿洗過，晾在竹竿上，大太陽曬過，晚上睡眠時，身體被米漿和夏日陽光的氣味包裹著，那是記憶裡最幸福的氣味之一吧。

放在樟木箱裡的冬天的衣服，過了端午，曬過太陽，便收齊了，一疊一疊，夾著圓圓白白的幾粒樟腦丸。隔了半年以後，再拿出來穿，有好幾天，樟腦丸清新甜涼的氣味，樟木箱的氣味，都環繞身體四周，久久不散，好像一個季節的回憶。

許多藝術工作者，是帶著這些氣味的記憶，去寫詩，去跳舞，去畫畫，去作曲，去拍攝電影吧。沒有生命的氣味，其實很難有真正動人的作品。

你記得嗎？波特萊爾的《惡之華》，我讀他的詩，總覺得有濃郁的南方豆蔻或榴槤的香氣，有熱帶女人濃密頭髮裡鬱悶的香氣，有嗎啡或海洛因一類毒品慢慢燃燒滲入肉體的氣味。

詩，竟也是一種氣味嗎？

那麼音樂呢？

德布西的音樂，總是有非常慵懶的海風和雲的氣味，有希臘午後陽光的氣味，有遙遠的古老歲月神話的氣味。拉威爾就好像多了一點鮮濃的番紅花與茴香的氣味。如果沒有這些氣味，藝術便不像「母親」、「童年」或「故鄉」了。我們說過，「母親」、「童年」、「故鄉」都充滿了氣味。

國家和學校常常是沒有氣味的。統治者要人民「愛國」，但是「國家」沒有氣味，記憶無法存留，統治者一垮台，「愛國」的聲音無論叫得多大，還是都消失了。因此從愛國主義和從學校產生的藝術作品，也

通常沒有獨特的氣味，無法使人在心裡存留深刻的記憶。

丫民，你也許應該要從學校出走了；有一天，你也許還要更勇敢地從國家出走；你知道，當國家利益違反人性時，許多藝術家大膽從他們的國家出走，批判他們的國家，對抗他們的國家，因為他們的記憶深處有「母親」、有「童年」、有「故鄉」；有那些比國家與政府更具體、更有人性，也更有生命氣味的記憶。你記得夏卡爾（M. Chagall）嗎？他離開史達林統治下的蘇聯，他從故鄉出走，故鄉卻一生跟著他，他住在巴黎，他的畫裡卻都是童年和故鄉。

通常藝術家要出走到無國界的狀態，感官才有了自由，思想才有了自由，美學也才有了自由。

像你在南方，閉著眼睛，深深吸了一口氣，把整個海洋的氣味吸到身體裡了。海在你的肺葉裡，海在你的皮膚上，海盈滿了你身體每一個細胞的空隙。海占領了你的視覺聽覺，海包圍著你，從心裡壓迫著你，使你心裡哽咽著。有一天，你要寫詩，你要畫畫，你要歌唱或舞蹈起來，那海，就在你心裡澎湃迴盪起來，不是你去尋找它，是它撲天蓋地而來，包圍著你，滲透著你、激動著你，無以自拔。

藝術家只屬於一個國度，便是感官的國度；藝術家只有一個國籍，便是心靈的國籍。

某一個意義上，好的藝術家，都是叛國的——背叛他現實的國籍。

ㄚ民，你要走向那感官的國度，去經歷比生死更大的冒險嗎？

我不是在說寫詩、畫畫、作曲、舞蹈，我不是在說一切與藝術有關的形式。我說的是「感官」，是打開你的視覺，開啓你的聽覺，用全部的身體去感覺氣味、重量、質地、形狀、色彩；是在做為藝術家之

前，先為自己準備了豐富的人的感覺。

那些真實的感覺，真實到沒有好壞，沒有美醜，沒有善惡，他們只是真實的存在。

像一隻蜜蜂尋找花蜜，牠一切專注集中在那一點蜜的存在，沒有旁騖，沒有妄想。

古代的希臘是重視運動的，運動員在競技之前，在身上塗滿厚厚的橄欖油，油漬沁透到皮膚裡，經過陽光照曬，透出金黃的顏色。競技之後，皮膚上的油漬，混合了劇烈運動流出的汗水，混合了塵土泥垢，結在皮膚上，因此，古代希臘人發明了一種青銅製的小刮刀，提供給競技後的運動員，可以用來刮去身上的油漬泥垢。

我看過一尊大理石的雕像，一名運動員站立著，一手拿著刮刀，正在細心刮著垢。那尊石像，竟然有氣味，橄欖油的、汗液的、泥垢的肉體，隔了兩千年，仍然散發著青春男體運動後大量排汗的健康活潑的體嗅。

氣味變成如此揮之不去的記憶！

希臘神話與史詩，都是有氣味的。牧神的身上，有著濃烈嗆鼻的山羊的騷味。人馬獸有著馬廄和皮革的氣味。盔甲之神伏爾甘一定有鐵匠作坊的氣味，有鐵在高温鍛燒冶鍊時剛烈的氣味。至於愛神維納斯，希臘人叫她亞弗羅黛特，她其實充滿了海洋蚌蛤的氣味，頭髮裡則纏著海藻，在波提且利（Boticelli）的畫裡，她就有清新温暖的海洋的氣味；要晚到威尼斯畫派以後，提香（Titien）這一類畫家，才在她身上用了香皂沐浴，又噴灑了香水乳液，塗抹了精油，希臘神話原始自然的樸素氣味才被另一種奢華的氣味掩蓋了。

丫民，記不記得，有一次我們討論起詩經的氣味？你說：「蓼蓼者莪」，都是水草荇葉的氣味。

你說《詩經》更多米麥雜糧的氣味，《楚辭》就多了很多濃郁辛烈的香花。米麥雜糧五穀，使人踏實平穩；太多香花的氣味，人的感官便浮動了起來。你開玩笑地說：《楚辭・離騷》的「騷」是非常嗅覺的感官。

年輕吧，可能有旺盛的、充沛的、不能被拘禁的官能上的渴望，隨時要騷動起來。

是不是因為衰老了，更可以從年輕的身體上，嗅到一種叫做「青春」的氣味，那麼具體，在頸窩裡，在密密的髮間，在腋下、股溝、腿彎，在趾隙，使生命騷動起來的氣味。

丫民，如果我愛戀一個人，我凝視他，他是視覺的；我聆聽他的聲音話語，他是聽覺的；我撫摸他，感覺他身體的體溫，他是觸覺的；我舔他，輕輕齒咬他，好像有一點味覺；但是，我發現最終，我是沉迷在一種嗅覺的氣味裡，像嬰兒時依靠氣味，找到了母親。

所以，最親暱的官能，不是視覺，不是聽覺，我覺得也不是味覺；觸覺和嗅覺之間，我還無法完全分辨孰先孰後。

假設我閉著眼睛，擁抱著一個身體，這身體的感覺、形狀、體溫，都是觸覺的；而我，一定同時也還辨識著那身體中特有的氣味罷。只是氣味嗅覺的記憶太不明顯吧。

你的記憶中，有幾個忘不掉的身體的氣味嗎？

氣味的記憶，一定是非常私密的經驗吧！

你靦覥害羞地避開了我的問題。

我沒有追問。我相信，許多極纖細的嗅覺或觸覺的記憶，的確是極隱私的部分，存留在記憶裡，是最私密而珍貴的感官經驗，不能也不應該隨便與他人分享。

敏感愛美的心靈，會非常珍惜這些私密的部分，小心翼翼，掩藏在最不容易被發現的角落，成為個人生命最甜美或最辛苦的記憶。一個社會心靈粗糙了，才會把個人最隱私珍貴的部分拿出來廉價販賣。

但是，奇怪，詩人寫詩的時候，畫家畫畫的時候，音樂家創作時，那些私密的角落，便不自覺地顯露了出來。美麗的藝術作品，常常精心掩蓋偽裝自己的隱私，但卻掩蓋不住，也偽裝不了，好的作品，無論如何掩蓋，還是透露散發著禁止不住的氣味。

ㄚ民，那是美學的氣味，好的作品，從不會刻意彰顯私密的經驗，但是，生命獨特的氣味，卻無所不在。

把最珍貴的記憶藏起來吧，如果那記憶真的如此貴重，密密封藏起來吧，像釀造美酒一樣，越藏得久，它就越散發出淳厚悠長的氣味。

你的藝術創作，需要的是氣味，而不是太清楚可以看到、意識到的東西。

我喜歡你說的：閉起眼睛！

閉起眼睛！閉起視覺的眼睛，關閉你視覺的窗口，之後，你心靈的眼瞳才會一一張開。

我們好像缺少了一門叫「氣味」的課。但是，氣味要怎麼教呢？

少年時，母親在廚房料理，我在書房看書，隔了一段距離，我大概可以憑嗅覺，辨識很多氣味。煤球在爐了上燃燒起來的一種炙熱的氣味，不同蔬菜的氣味。芹菜是要一株一株折斷後，抽去筋絲，空氣裡就漾起一種芹菜特有的清香的氣味。蛤蜊養在水裡吐沙，氣息裡多了一點腥甜。剝蒜瓣和切薑絲的氣味，最容易判斷。大鐵鍋裡熱油騰燒起來的氣味，好像一種期待；不多久「喳」的一聲，魚在大油裡煎爆起來一種香，是聽覺，也是嗅覺，之後，聽覺漸漸淡下去，一定是火苗轉小了，用文火四周煎烤的魚的酥香，持續很久。我做著功課，什麼也沒有看到，但所有的嗅覺，告訴我，每一個烹調的細節。我記憶裡那用文火煎烤半小時以上的魚的酥香，以後在任何餐廳都沒有再找尋到。

嗅覺像是一種注定的遺憾，它在現實裡，都要消失，卻永遠存留在記憶裡。

但是，榮格認為，真正的美，其實是一種消失。

那麼，丫民，藝術創作的美，是否更多來自遺憾？來自生命裡不能長久存在，卻在心靈記憶裡永不消失的一種堅持？

如果，我們有機會重新上一堂有關藝術的課，我想，也許我會帶你離開教室，離開學校，到更有氣味的地方去。

我想帶你攀爬到屋簷下，帶你看屋簷下隱密的一個鳥窩，小心，鳥窩裡也時常有來偷食鳥蛋的長蛇，爬在梯子上，你可以依憑嗅覺，判斷空氣中腥涼的蛇的氣味；你可以趁母鳥不在的時候，嗅聞鳥巢裡很奇特的新生雛鳥身上的氣味，母鳥在孵蛋的時候特別留下的體温的氣味，好像還有長時間孵在蛋裡殘存的窒悶的氣味，但也有一種清新的羽毛剛剛長起來新禽的愉悦氣味。當雛鳥誤以為你是覓食回來的母

鳥，張大黃嫩的口，咿咿喔喔求食時，你也可以嗅到那細細的喉頭裡、透出來那麼渴望食物的初生生命的氣息，和嬰兒身上散發的氣息那麼相似。

有一天，那稚嫩的氣味，會和你一樣，茁壯成少年的青春，會散發成熟自信的氣味；有一天，在許多愛恨憂喜的氣味之後，也會和你一樣，開始品嘗滄桑的氣味，品嘗衰老的氣味，甚至，生死的氣味。

那時，你還想告訴我一些你的感覺嗎？或者，那淡淡的、留在心裡永不會消失的氣味，已足夠使你沉默不想言語？你寧願沉湎在各種氣味的回憶裡，用文字書寫出那些氣味，用形狀色彩筆觸畫出那些氣味。

丫民，我要記得你今天身上的氣味，剛剛從南方回來的海洋的氣味，陽光的氣味，沙灘和礁石的氣味，長長的風的氣味，漁船和機油的氣味，還有你帆布袋上流浪的氣味。

丫民，你劃一根火柴，空氣裡一點點火的乾燥氣味；你點著菸，菸草燃燒，在空中散開的土地和日曬的氣味，一絲一絲，像二十世紀初「橋派」和「藍騎士」的畫，充滿酒館裡濃重的菸草氣味，黃昏天光黯淡下來，我們沒有開燈，室內的氣味竟然也像一種光，慢慢舒卷，可以閱讀。

空
《第三封信》

丫民：

陽光在很高很高的地方，使我忍不住抬頭去看。隔著街道，對面的公寓似乎猶未甦醒。這是一個假日的早晨。黎明的光才剛剛照射到公寓頂端。我借著那光的移動，瀏覽著每一間公寓陽台上的盆栽。盆栽的植物很不一樣，擺置的方法也不相同。有的色彩斑斕，一盆一盆的花，似乎有意搭配成紅的、黃的、紫的色彩；有的盆栽，只是一色單純的綠色，看起來素淨不喧嘩，卻也有樸素內斂的風格。有的陽台上種的都是仙人掌，毛森森的，直直站立，沒有太多姿態，或許是主人覺得比較容易照顧吧。我注意到有一個陽台，種的似乎都是香草，比較容易認出來的，有小葉子的迷迭香，特別青翠的薄荷，葉尖向上一叢一叢的九層塔，開紫色花的薰衣草，甚至還有小株栽種在盆子裡卻也結實纍纍的檸檬，和一種小型柑橘。隔得很遠，我想像那個充滿了各種香草氣味的陽台，每一片葉子，每一蕾花朵，每一粒果實，都釋放著芳香的氣味，好像比賽著透露心裡的愉悅，迎接這個假日的黎

明。

我嗅著自己手中一杯浮盪著香氣的茶，湊在鼻前，慢慢嗅著，因為是假日嗎？我有足夠的悠閒，從容地去感覺自己的身體。

那茶的芳香貯存著許多許多記憶，陽光、雨水、霧或山嵐、清晨的露水、山坡上的土壤、偶然飛來停留片刻的小甲蟲。

我看到那一片深綠色的葉子，在沸水中舒卷張開，好像它重新醒了過來了，所以那蜷縮在黑暗裡的葉子，是一個悠長的睡眠嗎？此刻它醒了，伸著懶腰，翻轉身體，打開每一個因為恐懼而緊縮的部分。

一縷一縷的白色的煙霧嬝嬝上升，一縷一縷，細細的悠長的淡淡的芳香，在空中停留著，好像敘述著那一片葉子所有經歷過的喜悅與憂傷。

我喝著茶，好像在等待那滿是香草的陽台上出現一個主人。我想像他在黎明的光裡拉開陽台的落地窗，走進已經越來越亮的日光裡，伸了伸懶腰，聞嗅到那清新的柑橘的、檸檬的、薄荷的、迷迭香的氣味，愉悅的笑起來。

他告訴自己，這是一個假日的黎明。

丫民，我們的感官需要一個假日。

在匆忙緊迫的生活裡，感覺不到美。

我沒有那麼鼓勵你去美術館看畫，我沒有鼓勵你去音樂廳聽音樂，我沒有那麼鼓勵你去劇院看戲劇，丫民，當藝術變成一種功課，背負著非作不可的壓力、負擔，其實是看不見美的。

我喜歡東方古老的哲學家老子的比喻，他說，一個杯子最有用的，是那個空的部分。

ㄚ民，好的哲學總是那麼簡單。

這麼簡單，卻容易被我們忽略。

我手中的杯子，因為空著，才能盛裝水。

你可以想像一個沒有中空部分的杯子嗎？

如果我們的生活被塞滿了，我們還能有空間給美嗎？如果我們的心靈沒有空間，美要如何進來呢？

老子說：五色令人目盲，五音令人耳聾，五味令人口爽，馳騁田獵，令人心發狂。

這或許是人類最早的美學的反省吧！

太多的顏色，人的視覺已經麻木了，等於是心靈的視障。太多的聲音塞滿了，聽覺也麻木了，便是聽障。太多味覺的刺激，只是感官上的過癮，其實並沒有細緻的領悟，徒有口舌之爽，並沒有品味。而那不斷向外馳騁追逐感官肉體上的放縱，便像瘋狂野馬，已沒有了內省的心靈空間，如何容納美？

老子講感官的美學，講的那麼徹底，這麼準確。

在美術館，在音樂廳，在劇院，我看到許多慌忙急迫的五官，他們努力想看到什麼，努力想聽到什麼，但因為太急了，太目的性了，可能什麼也看不到，什麼也聽不見。

ㄚ民，我一直記得一個使我害怕的畫面，我猶疑很久，不知道應不應該告訴你這個故事。

有一次去巴黎的羅浮宮，同行一位母親，很在意孩子的學習，她說出發前就要求孩子讀很多相關的書，他的兩個女兒都還在讀小學，很認真做了筆記，拿給我看，我也讚美了他們的用功。到了羅浮宮，那位母親便一直督促著兩個孩子看畫，記筆記，孩子站在一張畫前面，有時還沒有一分鐘，母親便催促著：快，下一張，時間不多，羅浮宮名作太多了。

我有點憂傷起來，好像憂傷兩個原來美麗的杯子，被塞滿了東西，已經沒有感覺美的空間了。

那位母親一路趕著，手中拿著目錄，檢查是否遺漏了名作，並回頭問我：「那一張名作我們還沒有看到？」

我一時憂傷，便停止下來，看著這位母親，我安靜的問她：「妳告訴我，妳看到了什麼？」

丫民，我也許不應該告訴你這個故事。

我們有時總是急迫趕著路，生怕遺漏了什麼重要的東西，卻忽略了應該停下來，重要的東西其實就在身邊吧。在美術館裡，常常看到忙碌的人，總是擔心遺漏了「名作」，殊不知面前就是名作。即使是名作，沒有從容平常的心去感受，也是枉然。

丫民，藝術有時使我沮喪，我知道，藝術可能離美很遠。

美其實很簡單，美，首先應該是回來作真實的自己吧。

如果一個城市，美術館、音樂廳、劇院，只是聯合起來，使市民中產者變得矯情而虛偽，丫民，我們是否應該有徹底的省悟，遠遠地離開藝術，先回到生活裡，認真去感覺自己。

我喜歡這一個假日，無事坐在室內，端著一杯茶，瀏覽對面公寓每一個陽台被黎明的光照亮。

那個我等待著的陽台主人始終沒有出現，他在享受一個可以放肆賴在床上的假日的早晨嗎？那樣一次假日的放肆真是令人羨慕啊！

我偶然路過這個異鄉的城市，租賃了這個公寓，不多久，我要離開，我不確定離開以後，我還會不會記得這一個黎明，這些公寓，這些陽台上的花，盆栽、仙人掌，我只是看著，知道它們此刻與我有緣。

還有那個一直沒有出現的主人的陽台，像一個空著的杯子，使我有了許多想像的空間。

ㄚ民，我有時希望自己是一只空著的杯子。空著，才能渴望；空著，才有期待；空著，才會被充滿。

孟子不是說：「充實之謂『美』嗎？」

這麼簡單又精準的形容，「充實」，我們也許不容易領悟，正是因為「空」，才能「充實」。

美的學習，也許不是要「增加」什麼，而是要「減少」什麼！

和知識的學習剛好相反，美的修行，不是增加，而是減少。

孔子說過：「為學日益，為道日損。」

不容易理解的一句話，「知識的學習是一日一日加多；生命的領悟，卻是一日一日減損。」

孔子說的「損」，是「拿掉」，是「去除」，是「空」，也就是莊子哲學常說的「忘」吧！

最美的詩，最美的畫，最美的音樂，最美的人的肢體表情，常常似乎看到了，領悟了，卻記不起來，美，好像更接近「遺忘」。

白居易在一千年前寫了一首詩：

「花非花，霧非霧。夜半來，天明去。來如春夢不多時，去似朝雲無覓處。」

他說的是一種「遺忘」嗎?我不確定。

我們是不是被「知識」塞滿了,沒有餘裕的空間留給美?

丫民,我想騰空自己,用橡皮擦擦掉很多字,恢復一張紙的空白;我想清空自己,像在電腦上按下一個「清除」鍵,重新開始,回復成嬰兒的狀態,重新使自己像一只空的杯子。

我坐在室內,看清晨的光一點一點,在桌布上移動。被陽光照亮的部分,露出細緻的經線與緯線的紋理,是白色的麻線交織成的。好像陽光變成一種愛撫,陽光一接觸,布巾就似乎活了起來,好像回憶著它曾經是夏日陽光裡一株搖曳的痲草,在土地裡扎了根,細長的葉子,承受雨水和陽光,一日一日成長。

麻草被斬伐了，去除了莖葉中易於腐爛的部分，抽出了堅韌的纖維，加工染色，織成這一張桌布。

這是死去的麻草的魂魄嗎？

為什麼桌布裡每一根細細的纖維，一旦被陽光照到，就彷彿活了起來。

ㄚ民，這樣悠長的假日，我可以閉起眼睛，用手指去感覺這一塊被陽光照到的桌布。

我們曾經閉起眼睛，嘗試恢復嗅覺中細緻的部分。

如今，我嘗試閉起眼睛，用觸覺感覺這一張桌布。

我想像自己是盲人。

原來盲人的嗅覺或觸覺是這麼豐富的。

我的手指彷彿一一生長出了另一種眼睛。我指尖的末梢，感覺到陽光停留在桌布上的溫度。我很清楚地從觸覺中知道那一塊桌布上不同時間陽光照射的部位，陽光是一點一點慢慢移動的，桌布上的溫度也有一片一片不同溫度的層次。

被陽光照到的部分，痲布的纖維似乎特別柔軟，我不確定，是不是日光的溫度使纖維有肉眼覺察不到的膨脹，纖維和纖維之間的空隙更緊密，痲線的交錯的紋理如同海灘上的細沙，我輕輕撫觸，纖維便似乎微微顫動了起來。

這是不曾死去的痲草的記憶嗎？

ㄚ民，你記不記得，有一次我們在看荷蘭畫家維米爾（Vermeer）的一張女子的頭像，在紅色的帽簷下，一張彷彿偶然回轉過來的眼眸，有一點意外錯愕的表情，微微張開嘴唇，彷彿有許多心事要說。

我們在畫前站了很久，都沉默不語。

我不知道你在看什麼。我看到的是畫家每一條筆觸在畫布上的痕跡。畫家的筆，不是在畫畫布，是在撫摸畫布，畫布是痲布織的，畫家的筆便行走在痲布上，感覺每一根纖維的凹凸，感覺每一處橫線與直線交織的空隙。

而維米爾的筆觸是特別細膩的，細膩得像珍珠表層的光。

一個畫家，如果沒有細緻敏感的觸覺，如何能理解什麼是「筆觸」？

繪畫是要用視覺去看到「筆」的「觸覺」吧！

我們還有多少機會真實去感受自己的觸覺？

我的指尖撫觸到麻布，麻布上陽光的溫度，麻布的纖維，我似乎渴望著一種近於盲人的觸覺，他們經驗著我常常經驗不到的另一個豐富的世界。

我嘗試用純粹的觸覺感受這一塊桌巾，感覺每一根麻的纖維交織起來的細密的紋理。

觸覺是多麼奇特的一種感官。

我們蜷曲在母胎中時，感覺得到母親身體的溫度嗎？感覺得到母親心

跳的脈動嗎？我們自己的心跳也開始了，一種擴張和收縮交替時的震動，血流在湧進和衝出時如同潮汐的澎湃。ㄚ民，達文西在解剖人體心臟時，發現了血液湧入和湧出的管道不同，他對著那一個已經不再鼓動的心臟，觀察著那些如同洞穴一般空空的心房和心室，做了很詳細的紀錄。做為畫家，達文西其實不需了解這麼仔細，但是，做為人，他好奇於這心臟的構造與組織，他甚至幻想著一股溫熱的血流湧入這些孔穴，整個心臟被充滿時那種飽滿溫暖的感受。

大腦主管思維，是心，主管感受。達文西曾經這樣推測。

我在學習靜坐的時候，嘗試把大腦的思維騰空，好像學習讓思慮裡的雜質一一沉澱，好像靜視一杯面前的水，裡面這麼多渣滓，起起浮浮，但也慢慢往下沉落。沉落的速度很慢，比心中的預期慢得多。或者，預期原來是大腦的一種妄想吧。靜坐久了，看到自己大腦的妄想很多，妄想也就是心靈的雜質。妄想沉澱了，感官的純粹才能開啓，眼、耳、鼻、舌、身，我們或許可以回復到原始觸覺的感官之初。

許多低等的動物，是沒有眼、耳、鼻、舌，這些感官的，但是，他們有觸覺。

我的身體裡還存留著那些原初生命的記憶嗎？

為什麼每當我經驗著純粹觸覺的剎那，那似乎蠕動著的本能便在身體裡蔓延擴張了起來。

人類的文明離觸覺太遠了嗎？

好像斯特拉文斯基在《春之祭祀》那音樂曲裡一種很遠很遠的呼喚，那麼原始，那麼荒涼，卻一下呼喚起我身體的鄉愁。

我肉身的底層，一定還隱藏著自己不曾發現的部分，在暗黑的官能潛意識裡，一旦被撩撥，就蠢蠢欲動。

我不知道那是什麼？像意識之初的記憶，在大腦的思維還沒有形成之前，有一顆被溫熱血流鼓動著的心臟，許多空穴，等待被充滿。

ㄚ民，我沉溺在觸覺的感官裡。

我記憶起母親懷抱著我，那麼厚實又柔軟的肉體，那麼幸福的溫度。

我記憶起口腔裡被乳汁充滿的快樂，那芳甘香甜的汁液，從咽喉通過，飽滿地容納在胃裡。我記憶起吃完母乳後，在我背部輕輕拍打的手掌，那麼篤實而又溫柔的拍打，通過身體的觸覺，傳達著一生難以忘懷的愛、關心、照顧、安慰，或鼓勵。

我們遺失了多少觸覺的能力？

在人類往文明發展的過程裡，我們禁錮了許多官能的自由，特別是觸覺的本能。

我們一定渴望過一個肉體，渴望親近，渴望體貼，渴望擁抱，渴望完完全全地合而為一。如同柏拉圖在哲學中闡釋的，人類原來是完整的，因為觸怒了神，受了懲罰，被一分為二。因此，我們每一個人都是不完全的，我們一生都在尋找被分開來的另一半。我們用視覺在找，用聽覺在找，但是，丫民，你發現沒有，我們最終認識到的另一半，可能存在觸覺裡。

這世界上有一個你可以完全用觸覺去信任的身體嗎？

好像回復到嬰兒時的狀態，徜徉在母親的懷抱裡。完全純粹的愛，竟

然是一種純淨的觸覺。

在人類的文明裡，觸覺是禁忌最多的。

有多少東西，是只能看，不能觸碰的。在美術館裡有多少「請勿觸碰」的警告。然而，ㄚ民，你發現嗎？所有「請勿觸碰」的警告，其實都誘發著我們潛藏的觸覺的欲望。好像希伯來聖經裡的「伊甸園」，上帝告誡亞當夏娃，絕不可觸碰那「知識之樹」上的果子，結果他們就一定會去觸碰。

我們的肉體在暗黑的夜裡，可能會尋找多少觸覺本能欲望的發洩嗎？

我們是否甚至恐懼去感覺自己的身體？

那觸覺的本能，使我們記憶起自己動物性的部分嗎？

但是，我的身體裡的的確確存在著一個動物，在那生命原初的狀態，不是用大腦在思維，而是用身體在感受。

我感受到痛，要大聲嚎叫起來，我感受到飢餓，這麼真實的胃裡的飢餓。我們身體的皮膚表面和內在器官，無一不是觸覺。

我想擁抱什麼，我的身體經驗著巨大的空虛，我要擁抱一個真實的東西。

我喜歡「體貼」這個詞，「體貼」便是真實的觸覺，好像比「愛」更具體。

人類在禮教的世界把觸覺本能壓抑了下去，但是，觸覺在身體底層呼喚我們。

雕塑家羅丹（Rodin）有一次看鄧肯（Duncan）舞蹈，看完之後，情不自禁，便伸手要觸摸舞者肉體。

也許，很少有人理解這個真實故事裡藝術家的矛盾。沒有強烈的觸覺本能，羅丹不可能是出色的雕塑家，但是，他活在一個觸覺成為禁忌的文明中。

我看羅丹的雕塑，他用手去抓土、捏土、擠壓土、撫摸土，他在雕塑一堆土裡滿足了他觸覺的荒涼，我們看到那土上的指爪的擠壓，也被感動了，因為，ㄚ民，是不是我們的觸覺，也都是荒涼的？我們好像是通過視覺，在羅丹的雕塑裡填補了自己觸覺長久長久以來的空虛。

這個假日，我想清空自己，我想被充滿，徹底被充滿。

《第四封信》

La vie est d'ailleurs

丫民：

我在旅途中，想到十九世紀末象徵派詩人韓波（Rimbaud）年輕時寫的詩句：「La vie est d'ailleurs!」

有人把這句詩翻譯成「生活在他方」，米蘭昆德拉用這句詩做書名，寫了一本小說。

這句詩常被歐洲年輕、叛逆、追求解放、反體制與權威的青年們引為格言，有時書寫在示威遊行的看板上，變成口號，也變成標語。

「ailleurs」直接翻譯，是「其他」的意思；生活可以不是現在這個樣子，生活還有其他的可能。

韓波說的「其他」是一種流浪吧！一種孤獨、一種心靈上的自我放

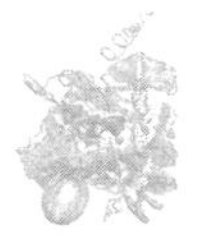

逐、一種出走，從現狀裡出走。

走到哪裡，或許並不清楚，但絕不要在原地踏步，在原地停滯不前。

ㄚ民，我害怕生命成為固定的形式，接受僵化刻板的習慣，一成不變。我想從一切熟悉封閉的環境出走，生命一定還有其他的可能。

我年輕的時候，在一所大學工作過，看到和我年齡相差不遠的同事，原來都有夢想，都想把一個新得來的工作，不僅只是為了餬口謀生，也真心熱愛這個工作，把一個工作發展成有理想的、創造性的、終生的事業。但是不知道為什麼，日子久了，一年過去，兩年過去，日復一日，慢慢不知不覺，忽然發現，大部分的人，或者我自己也不例外，重複著固定的生活模式，占有一個職位，擁有一份薪水，害怕改換，害怕離開，職位和薪資變成生活唯一的動機，你開始聽到對工作的抱怨，你開始看到生活裡充滿疲倦而又怨恨的表情，你開始嗅聞到一種生命在腐爛時發出的氣味，你開始看到瑣碎的斤斤計較與勾心鬥角。生命在不能施展開創造性的懷抱時，人變得閉塞萎縮，好像緊緊抱著一點霉味的食物，捨不得放下，彷彿莊子形容的鴟鴞，爪下抓住腐鼠的屍體，緊緊抓著不放，以為是天下的美味，貪婪而又沾沾自喜。

ㄚ民，我幾乎也要變成那樣的鴟鴞了啊！有一天，走過那學校的草地，春天草地上竄冒起鮮黃燦亮的小雛菊，我看到一個年輕的學生，躺在草地上，破破的泛白的牛仔褲，臉上蓋著一本《楊喚詩集》，不知道是不是睡著了。

我一霎時從心中湧起了淚，好像忽然和自己的前世相遇，失神地站著，年輕學生拿掉書，看到我，禮貌的坐起來說：「老師！」臉上盪漾起明亮的微笑。

ㄚ民，我至今不能忘記，那樣年輕的笑容，像春天的陽光一樣明亮，

我在那個下午，決定辭去這個大學的工作，晚上打了一個電話，給在巴黎的學生說：「我想到巴黎畫畫！」他爽快地回答說：「來啊！我幫你找畫室。」

因為年輕，這麼勇敢，他們毫不猶豫，鼓勵我出走。

ㄚ民，如果你要做一個藝術家，那麼，答應我，永遠不可以腐朽衰老，你要一直那麼年輕，不論你幾歲，不論你可能有多少職位與薪資，你生命裡有真正的追求，就大膽地出走！

真正的藝術家，不會把自己置放在安逸、有保障的固定生活裡，不會是緊緊抓著腐鼠不放的鴟鴞，ㄚ民，你要大膽飛出去，飛去廣闊的世界。

日復一日的原地踏步，只會增加生命的腐爛萎縮，你只有不斷出走，不斷重新出發，才能保有活潑、健康而年輕的生命力，你也才感受得到真正創造的快樂，感受得到真正的美。

你要勇敢地懷疑你的老師，前輩，包括我在內，如果他們貪婪於現實生活的安逸，他們的生命已經開始腐敗，不可能教給你任何有生命活力的東西，你要大膽而勇敢地捐棄他們，離開他們，超越他們，孤獨地走出去。

我今天經過這個城市一條巷弄，在斑剝的牆上，看到張貼著一張泛黃的陳舊海報，我一眼認出了韓波，十七歲時的他，剛到巴黎，發表了詩，被譽為文壇新星，他留下了這張照片，飛揚的頭髮，瞭望向遠方的如同在作夢的眼神，我一眼認出了他，看到海報上一行印刷的字體，標明著他的詩句：「La vie est d'ailleurs!」

韓波的詩句，不會只是一句口號，他自己印證了他的生命美學，他從文學的生涯出走，在許多人讚美他的詩文的同時，他似乎有著比成名

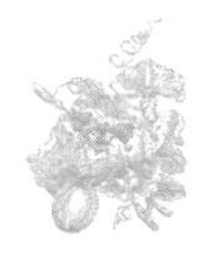

更重要的事要做，默默走向了自我放逐的流浪之路。

一百多年來，韓波的詩句，仍在這古老而又年輕的土地上流傳，鼓舞著渴望活出自我心靈的青年，鼓舞他們對抗一切僵化的、沒有生命力的教條、規範與體制，鼓舞他們對抗各種形式的壓迫與禁忌，鼓舞他們為自由解放的生命爭取更大的可能。韓波的美學，並不只是他的詩句，而是建立在他出走的生命形式上吧。美學並不僅僅關係著藝術，卻更關係著生命的本質啊。

丫民，我在旅途中，沒有決定下一步走向哪裡。

或許，去看看C和他的妻子，他們剛有了新生的嬰兒，我可以感覺到，他們即使有些窘困的生活裡，因為孩子新生，也有歡欣喜悅。

他們告訴我，最近的一些工作狀況，我為他們的持續創作高興，知道他們有豐富精神上的滿足，物質生活的窘困，並沒有改變他們的初衷。

我今晚看了一場舞蹈，表演者是一名盲人，他在舞台上旋轉，一次又一次旋轉，每一次旋轉，停下來時，他都準確面對觀眾，旋轉的次數多了，每一位觀眾都發現了表演者肢體傳達出的驚人的準確度。他是盲人，但是他對時間、空間，掌握得比非盲人更準確。

表演結束，有一個小小的酒會，許多賓客向表演者道賀，恭喜他演出的成功。

我望著他，在人群中，不知道為什麼，他看起來異常孤獨，我遠遠望著他憂鬱而且蒼白的面孔，面孔浮在暗黑的空中，像一張面具。

我靠近他，他轉過頭來，用沒有眼瞳的兩隻盲人的眼睛看著我，望得

很深，好像一直望進我的靈魂裡去了。我伸手想觸碰他，手一伸出去，他即刻握住了我的手，好像他一直知道我的手停止在空中某處，等待他來握住。

他握住我的手，詭異而友善地笑著。

「你真的看不見？」我問。

「我看得見我要看見的。」他再次神秘詭異地笑起來，這次顯得有點調皮。

「你在旋轉的時候，不管轉多少次，一停下來，就面對著我，你知道我在哪裡嗎？」

「我知道你在哪裡！」他嚴肅地點點頭。他說：「我不是用你們的眼睛在看。你們的眼睛是不準確的。我用我的身體尋找你。我的身體告訴我最準確的方向、位置、空間，以及——」他又詭異地笑起來，握著我的手，舉起來，說：「善意和愛。」

ㄚ民，我在一個神奇的經驗裡。

我第一次經驗著一種美，是這麼純粹的觸覺。

他纖細修長的手指，好像從花萼中長長伸出來的雄蕊、雌蕊，在空中顫動著，彷彿散播著帶符咒的花粉。那一個夜晚的天空，都因為這些四處飄揚的粉末，像著了魔。那些星辰和天河的旋轉，那些晚雲在黑夜裡的行走，那些偶然飛過的夜鶯留在空中的歌聲，那些不曾睡眠的繽紛的蝴蝶，一一翩翩展翅飛翔。巷弄因此都像河道，夜歸的人都漂浮在水上。

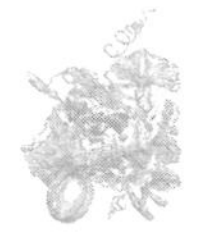

丫民，那個盲舞者說：你的心還足夠年輕嗎？否則你如何聽得懂我手指的語言。

他握住我的手，他牽引我的手去觸碰一片板栗樹的葉子，我感覺到鋸齒的葉緣、狹長的葉脈，每一條修長的葉脈，像一條河，又分岔出許多更細小的支流。

他牽引我的手，去觸碰地上的一塊石頭。石頭沉甸甸的重量，像懷著胎兒的子宮，像貯藏許多記憶的頭顱，像一顆充滿夢想的心臟。

一隻鴿子飛過去，落下一根羽毛。羽毛在空中旋轉，他伸出手，輕輕接住，盛在手掌中。他說：這曾經是一片橡樹的葉子，因為作夢，變成了鴿子的羽毛，你用眼睛看，完全不一樣，但是用掌心去感覺，它們是一樣的，他們有一樣的夢。

丫民，我怕我衰老了，感覺不出一根羽毛的重量。

我跟自己說，不要急著畫畫啊！去看一看紛紛墜落的樹葉，去看一眼飛過的鴿子掉落遺失的一根羽毛，伸出手，用掌心去承接，像承接生命裡最珍貴的東西。

丫民，你猜，我承接到了什麼？

一滴淚水！

我感覺到掌心冰涼的一滴，以為是下雨了，但是雨沒有這麼孤單，也沒有這樣輕盈的哀愁的溫度，比體溫低一點，但不全然是冰冷的。

我說：「你還在嗎？」

沒有任何聲音回答。

我可以張開眼睛，看一看看他是否還在，或是趁我在撫摸樹葉羽毛的歡欣裡，已悄悄離去。

但我不想張開眼睛，我想完全關閉掉視覺，沉湎在更徹底的觸覺的快樂裡。

ㄚ民，觸覺真的如此禁忌嗎？

我嘗試感覺一張臉，一張輪廓分明的五官，凸起圓滿的額頭上，有一條一條的皮膚的皺摺，因為憂慮或驚慌，兩眉之間，也有摺痕。眉毛摸起來，像細細的草。那閉著的雙眼，我仍然清楚感覺得出，眼眶裡面，一個球體微微上下轉動。ㄚ民，不要用想像，不要用視覺去看，試試看，用手去觸摸。我們欠缺太多觸覺的教育。

觸覺裡才隱藏著許多創造的秘密。

鼻樑的骨骼，像一種硬石雕刻，鼻尖要柔軟多了，兩側的鼻翼，則有細緻的弧線的轉折。

我的手指，學會了一種探險，上唇一排硬札札的鬍鬚的根渣，很像故鄉收割以後留在田裡的稻梗。我童年的時候，喜歡在乾涸的田地裡翻滾，閉著眼睛，一路滾下去，嗅聞著稻梗切斷的地方，散放出的辛烈植物的氣味，也感覺著稻梗在身上硬硬刺刺的痛癢。我覺得是我和稻梗之間秘密的遊戲，隔著衣褲，那刺札札的記憶，留在我的頸窩、胸、腹、助骨兩邊，留在我的腋下，有點癢，我禁不住嗝嗝笑起來，留在我的鼠蹊、大腿、足踝，甚至腳掌和腳趾間。我全部的身體，感覺著土地和稻梗厚實而且頑强的存在，不是透過想像，不是有距離的視覺，是真真實實留在我身體上的記憶。

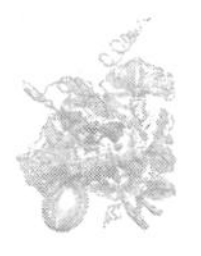

ㄚ民，有多少記憶是純粹屬於觸覺的？

那某一個初春，山上的細雨，一絲一絲，飄拂在臉上，那麼輕細的雨絲，無邊無際，你仰面向天，閉著眼睛，覺得自己是等待雨露滋潤的土地，把整個身體打開，承受著一種難以形容的幸福的滋潤。

青年時在深山溪澗泅泳，潛到幾股洄流深處，讓身體在水流中浮蕩旋轉，那些水流，交互纏繞著，好像許多撫摸你的柔軟的手指。

你還記得赤裸的腳心，踩踏在沙灘上的快樂嗎？潮汐一波一波襲來，腳下的沙，一步一步都在移動，腳掌陷下去，被沙包裹，砂礫留在腳趾縫隙，使你想起吃番石榴時，留在牙齒縫隙一粒堅硬的籽，常常剔不掉，卻真真實實存在那裡。

丫民，我們許多純粹觸覺的記憶，好像全然沒有意義，腳趾間的細沙，牙齒隙縫間的番石榴的一粒籽，他們存在著，沒有道理，卻那麼真實，沒有這些，生活會變得空洞而虛假。藝術並不只是看畫展、聽音樂會、高談闊論，藝術更應該是回到自己真實的感覺。

我有時候用舌尖去安撫某一顆牙齦上的痛，牙齦上的痛，持續了很久，並不劇烈，卻一絲絲地隱隱發作著，我的舌尖，不自覺地會去尋找那一個牙齦上的痛點，輕輕地安撫著，好像小時候生病發熱，母親不斷用手撫摸著我的頭。

觸覺裡有真正的關心和安慰嗎？

我的一個朋友，陷在巨大的悲哀裡，我去看她，知道任何語言都於事無補，她來開門，我見她憔悴沮喪，便上前緊緊抱住她，她安靜地靠在我的肩上，許久許久，我感覺到她身體裡的無力和絕望，我感覺到

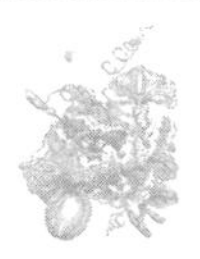

她身體的某種痛，沒有任何言語可以安慰，但她感覺得到我在，感覺得到我的體溫，感覺得到我的身體此時可以依靠。

身體或許才是真正的愛吧！我們常說的體貼，不正是身體的貼近嗎？

我們自己痛過，我們當然知道他人身上的痛。

一本談生物的書上說：生命存活，最應該感謝的是——痛的感覺。沒有痛，生命沒有思考，沒有反省，沒有修正與痊癒，生命也不會健全。

痛，不是視覺，不是聽覺，痛，是觸覺。

我聽過大提琴家傅尼葉（Fournier）的一場演奏，在二十世紀的七〇年代末吧，那時候他年紀已經很大了，中了風，行動遲緩而艱難。他從後台出來，蹣跚向舞台中央的椅子和樂器移動。走得很慢，手腳都有些傴僂。觀眾鼓掌，他並不答禮，仍然安安靜靜、遲緩卻篤定地走向他的位置。

有些觀眾熱淚盈眶，他們了解生命在劇痛中，而此時，人的自我意志的堅定，多麼可貴。

傅尼葉走到他的位置，坐好，調弦，拉弓，琴聲遲緩遲緩地流出。那是巴哈的「大提琴無伴奏」，我聽過很多次，但從來沒有聽過這樣澄靜如水的演奏。傅尼葉始終閉著眼睛。他的左手扣在弦上，右手平靜持弓，每一個顫音的延長，都那樣平穩，他扣在琴弦上的左手，手指變動很慢，一點都不激昂。我忽然很想是他的手指，夢想緊貼在弦上，去感覺那緊繃的弦最細緻最細微的顫動。

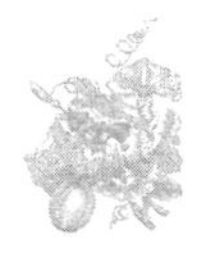

他聽得到琴的聲音嗎？或者，他可以純然依靠指尖上的觸覺，控制旋律的起伏、輕重、轉折，好像書法家毛筆的抑揚頓挫。

音樂竟然是一種觸覺嗎？

ㄚ民，我經歷過那一次演奏，經歷了平靜沉穩的偉大聲音下面，不可思議的澎湃的熱情和巨大的痛。

一個音樂家，用身體感覺他的樂器，大提琴、鋼琴、簫、笛，或鼓，或許並沒有太大的不同吧。

你可以試試看，在下一次音樂會中，用觸覺去了解聲音，也許是用整個身體，去感覺空氣中非常細微的分子的震動，也許是發現原來聲音也是一種觸覺，經由耳膜的震動，傳佈到心裡，傳佈到身體的每一個部位。我們並不只是聽到，我們事實上是被「震動」，好的音樂，使你每一個毛細孔都震動起來。

我們討論過，只有視覺、侷限在視覺的畫者，很難在繪畫創作上有大的突破；同樣地，只有聽覺的音樂，只限制在聽覺的音樂家，沒有生命全面的關心，畢竟無法有打動人的創作。

德布西的音樂裡有許多潮水在細沙間滲透的質感；斯特拉文斯基常常有鐵軌上轟隆隆的碰撞，也像鐵砧鐵鎚的猛力撞擊。

你一定要引領自己深入觸覺世界的深處。觸覺最隱密的部分，你都不能逃避。

ㄚ民，你一定狂熱愛戀過一個身體，回憶一下吧，回憶一下你在那身體裡經驗過的所有的觸覺，那種戰慄、那種悸動、那種狂喜與巨大的痛的暈眩；你的手指，你的耳鬢廝磨，你的身體裡每一個分子的體

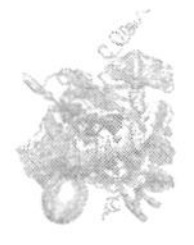

貼、糾纏、擠壓、環抱，全部是觸覺。擁有的快樂與失去的恐懼，害怕分離的哀傷與合而為一的陶醉，全部交錯混合在觸覺裡成為記憶。

ㄚ民，你徹底找回觸覺記憶裡的笑與淚，再開始畫畫。你必然比我更了解你自己身體的大痛與大愛！

《第五封信》

Andrei Rublev

丫民：

我在俄羅斯古老的弗拉狄米爾（Vladimir）修道院看到了安德烈・魯勃列夫（Andrei Rublev）的聖像畫（ICON）。

屬於東正教系統的聖像，看起來有一種肅穆和悲苦的美。用蛋清調和色粉，畫在裱貼麻布的木板上，用深暗褐色打底，再一層一層提出亮度的層次。聖像畫與現代藝術急於表現自我的目的不同，在虔誠的宗教信仰下工作，「聖像畫」使我著迷的，是一種純粹工匠日復一日手工的謙遜罷。

你看過俄羅斯導演塔可夫斯基（Takovsky）拍攝的一部傳記片《安德烈・魯勃列夫》嗎？

美，不會使人自大驕傲，真正的美，使人謙遜。

那個距離我們很遙遠的中世紀，當南方歐洲的義大利、西班牙、法國，陸續開展了近代文明的文藝復興運動，遠在寒冷北方大地的俄羅斯，才剛剛脱離韃靼人的酷虐殘暴的統治，形成各自獨立的封建城堡。大多數的農民如同奴隸，附屬於土地，從事日以繼夜的勞動，任由貴族地主買賣驅使，隨意鞭打或凌虐處死。

塔可夫斯基的傳記片，使我看到一個殺戮、戰亂、饑荒、瘟疫，無理性的、非人的黑暗歲月。

那樣的歲月裡，一名以繪畫為勞動的工匠能夠做什麼呢？

安德烈．魯勃列夫，攀爬在教堂的牆壁上，製作聖像畫。

聖像畫的形式非常嚴格，常常是師徒相傳，形式內容和製作方法都不能有太大改變。

現代强調個人創作的藝術，也許很難於了解聖像畫中似乎一成不變的傳統。

丫民，現代西方的藝術追求個人表現，强調每一個個體創作的獨特性。

但是，人類在很漫長的文明中，藝術大多並不是為了個人表現，並不是强調或誇張你與我、我與他的不同；相反的，是透過一個師徒相承的傳統，遵循著人類共同的信仰的規則。

從現代藝術强調個人表現的角度，很難理解安德烈·魯勃列夫的聖像作品。

我站立在他的聖像前，凝視聖母懷抱著聖嬰，這麼一成不變的形式，這麼陳舊的內容，在數百年間，一再重複，不知道為什麼，絲毫不使我覺得刻板陳腐。相反的，畫家似乎在沉默安靜的工作裡，努力去理解衆人的信仰。那些被鞭打的農奴，那些勞動終生不得溫飽的伏爾加河上拉縴的縴夫，那些無法醫治的殘疾的、呻吟哀嚎的病患，那些在戰亂中失去親人的母親或兒女，他們從四面八方走來，匍匐在聖像前，親吻聖像的腳，仰望那無語卻無限慈愛的面容，他們流著眼淚，相信生命中還有救贖的可能。他們的救贖這麼簡單，他們相信，母親如此安詳溫暖地懷抱著嬰兒，就是救贖了。

單純的信衆，因為身體或心靈的痛苦，走到這些聖像前，渴望救贖與解脫。一張聖像內涵的信仰的力量，就不是現代強調個人表現的藝術可以理解。

ㄚ民，我在那闃靜的修道院夕陽斜照的長廊想到了你，想到你為罹患不治之症的母親焦慮時寫給我的信，想到你說：母親肉體飽受非人的折磨，使我幾乎要詛咒上天，上天何以要如此殘酷待她。

你終於並沒有詛咒，卻是在極度絕望時走去了一所廟宇，在神前拈香祈願。

你說：我的祈禱這麼簡單，我祈求母親可以奇蹟似地痊癒，或者，如果不能痊癒，使她可以免受太多肉體的痛。

ㄚ民，這不是所有信眾的祈願嗎？這麼簡單，卻這麼具體。

弗拉狄米爾，一個小小的城鎮，到處都是聖堂和修道院。那些如今被譽為藝術傑作的安德烈．魯勃列夫的聖像，一一懸掛在這些聖堂和修道院中。蘇聯革命之後，宗教被禁止，聖堂和修道院都勒令關閉了。

那些聖像在封閉的空間裡近一世紀之久，我靜靜走過長廊，在夕陽斜照的幽微的光線裡，覺得那些慈愛的面容有特別悲憫、重新俯聽信眾祈願的表情。

丫民，安德烈·魯勃列夫遵循的是一個信仰的傳統，所有聖像裡的面容和手，充滿了接納信眾的謙遜。因為懂得苦難，才會謙遜，才有信仰，僅僅只有美，或許是不夠的。

丫民，你可以想像，有一天，你的繪畫，不是陳列在畫廊或美術館，供人評論欣賞；而是懸掛在信眾聚集的廟宇或聖堂，使身體或心靈受苦的人獲得安慰或支持的力量嗎？

你可以想像嗎？有一天，你的藝術，不再只是被評論讚美，不是只被談論到觀念技法多麼創新，而是懸掛在聖堂，使受苦者真心願意跪下，謙卑匍匐，相信救贖與解脫？

這是兩種多麼不同的藝術的方向，一個尋找美的個人表現，另一個卻走向眾人善的修行的道路。

美與善，相互衝突嗎？或是如同十九世紀末俄羅斯偉大心靈的救贖者托爾斯泰在晚年的期待，在美的全面開展裡尋求向上的、善的、信仰的提升？

現代的西方美學，習慣把「善」分離出去，「善」被歸屬在倫理學的道德範疇，以期使「美學」可以更純粹。

托爾斯泰的美學卻顯然更期待美與善合而為一的方向。

丫民，在安德烈．魯勃列夫的聖像畫前，我的確沒有想到「透視」、

「結構」、「解剖學」、「色彩學」這些托爾斯泰認為屬於藝術「外部規則」的技法或形式。我凝視他在聖像畫裡沉穩的色塊，篤定的線條，特別是聖者面容中深沉慈悲的力量，好像有一點了解了托爾斯泰所說：藝術更應該遵守人類共同生活信仰中的「內部規則」。

或者，我應該說，安德烈．魯勃列夫是用繪畫在修行吧。修行，通常不是與他人的論辯，而是更堅定地回來與自己內在心靈世界的信仰對話。

我可以很單純坐在這所古老修道院僻靜的角落，看婦人男子陸續前來，列隊等候瞻仰聖像，等候在聖像前匍匐跪下，祈願和感恩，別無複雜的言語。

安德烈．魯勃列夫的畫，使我想起這塊土地上勞動者做為主食的一種麵包，黑麥摻和粗製的雜穀，沒有高度發酵，帶著一點酸苦，咀嚼起來很硬，厚實而頑强，正如同這土地上勞動者的生活。

丫民，我們吃慣了非常精製細軟而鬆的麵包，一開始，這樣的麵包，是很難習慣的。

我廿多歲時很喜歡閱讀高爾基（Gorky），讀他的《童年》、《母親》、《大學生活》，嘗試從他樸實的文字裡咀嚼出俄羅斯伏爾加大河兩岸土地裡人民生活的勞苦與頑强。

第一次吃到俄羅斯修道院中這種粗黑酸苦的主食，放在口中，便回憶起了高爾基文學的滋味。

丫民，你相不相信，我們的味覺裡存留著許多生命的記憶？

我童年的時代，故鄉的生活多半不富裕，物質匱乏，食物的種類很

少。

記憶裡，早餐的白粥，或者攪拌醬油，或者攪拌白糖，常常沒有佐食的菜肴。

兒童多半嗜吃糖，一碗攪拌一湯匙白糖的稀粥，成為我們長大以後還津津樂道的回憶。

故鄉在我童年時，盛產甘蔗，蔗糖是廉價的食品，卻是我最早的味覺上幸福的記憶。

好像在許多民族的語言中，「甜」的味覺也都與幸福有關。「甜」是不是童年最初很單純的一種味覺滿足？

那種甜味的快樂，會一直停留在記憶裡。那種味覺上「甜」的記憶，有一天會擴大成為另一層次在心靈上的愉悅或幸福的滋味。

我們從舌頭口腔中「甜」的味覺反應，逐步發展，把一個心愛的人叫「甜心」，把心裡幸福的感覺叫「甜蜜」，把人們討人歡欣的話語叫做「嘴巴很甜」。

顯然地，「甜」（sweet）有了兩個層次的意義，一個層次是舌頭味覺上生理的反應，另一個卻已提升成為心靈上幸福愉悅滿足的引申。

我總覺得雷諾瓦（Renoir）的畫很「甜」，暖色調用得很多，橘紅、粉紅，明度和彩度都很高，追求愉悅洋溢的幸福感，沒有沉重憂苦的因素，也是一般大眾很容易喜歡的畫家。

用味覺談論繪畫，好像已經有很長的歷史。

中國六朝謝赫寫過《畫品》，用「品味」來分別繪畫的高下優劣。同時，也有一位文學評論家鍾嶸寫了《詩品》，也用「品味」鑑別詩的高下。如果讀《世説新語》，常常用到「人品」，連生命的意境，也用味覺來品評。

「品」變成了中國美學裡非常重要的一個字。從六朝迄今，有近一千七、八百年的歷史。

其實，西方的文字中有幾乎一樣的用語——taste，也翻譯成「品味」。

顯然，「味覺」，已經不純然是生理的反應，味覺留在身體中，變成生命各種不同感受的記憶。

一個人經歷了各種生活的變化起伏，從幸福到失意，從失意到艱難，從艱難到放肆滄桑，從滄桑到沮喪絕望，我們會說，這個人的生活真是「五味雜陳」。

「五味」，五種味覺的感受，甜、酸、鹹、辣、苦，變成形容生命狀態的五種精神與心靈上的感受記憶。

小孩子總是愛吃糖的，未經憂患焦慮，「甜」味好像是單純的幸福滿足。

讀小學的時候，有家裡的長輩從美國帶回一盒「白脫糖」，後來才知道是「Butter」這個字的音譯。圓圓的一球，用色彩華麗的紙包著，母親怕我們偷吃，放在六個孩子都搆不到的高處，偶然晚飯後，慎重地拿下來，一人分一顆，我們小心翼翼，含在口中，讓糖的甜味慢慢在口腔中化開，那芳甘的甜味滋潤蔓延，彷彿童話故事的幸福結局。

如果可以一生停留在甜味的快樂裡，會不會是一種幸福呢？

我那個年齡，大約七、八歲吧，沒有能力思考那麼多，我每次走過那盒糖的下面，仰頭望著，便覺得那裡就彷彿是天堂，都是滿足與幸福的甜的滋味。

稍稍大我一些的姐姐，讀初中了，常常獨自一人沉思，好像有心事，不那麼和我搶糖吃，卻總是懷裡揣著話梅、酸芒果乾之類的零食，沒事嘴裡就含著一顆。我嘴饞，要了一顆，含了一下，酸得皺起眉頭，趕緊吐出來，不能了解為什麼有人喜這樣的酸味。

丫民，你喜歡過酸味嗎？像未曾熟透的芒果、橘子、鳳梨，刺激著味蕾，連一想到都要分泌出津液口水。你無意間吃到過期的食品嗎？那種酸餿，是食物開始腐爛發酵時的一種酸。

酸是沒有熟透，或過期後發酵的氣味嗎？

酸在味覺上顯然沒有「甜」那麼單純，「甜」味過時發酵也變成了「酸」。

我到了初中，剛發育不久，生理上的變化，產了奇怪的生命經驗，常常無端憂愁起來。有隱密的愛戀，卻私自藏在心裡，容易嫉妒，患得患失，好像童年單純的甜味的幸福已遠，開始品嘗酸味中難以言喻的複雜感受了。

那個青春期的歲月，喜歡喝不放糖的檸檬汁，喜歡在麵裡調醋，同伴們看到，便一語雙關的嘲笑說：「喜歡吃醋啊！」

「吃醋」這個成語用得很普遍，大家也都知道意思。

「吃醋」裡隱含著對得不到的東西的失意感或嫉妒心，顯然不是「甜味」的滿足。在青澀的年齡，生命已有了似懂非懂的失落的憂愁吧！

我們把「醋」引申為嫉妒，或者比嫉妒更輕微一點的不滿足。

我們也說：這個人說話好酸。

「酸」與「甜」不同，酸味裡隱藏著不滿足的一點失落感。

ㄚ民，為什麼我們總是用味覺在形容生命的狀態？味覺在我們身體裡如此記憶深刻嗎？

酸味其實還可以細分。我喜歡青新的檸檬的酸，沒有完全熟透的果子煥發著的新鮮的酸，有一點刺激，卻很年輕，是一種帶野性的酸。

有一種酸卻是食物腐爛的餿酸，酸味裡帶一點物質在敗壞時分解出來的警告，使人不舒服。

中國常常用「酸」形容文人。「酸文人」有一點描寫著志願不得伸展，鬱悶久了以後生命的自怨自艾，怨天尤人，愛發牢騷的酸腐。正如同食物腐敗的餿酸，嫉妒裡帶著傷害性的尖刻。

西方也有「酸蘋果獎」，常常用來做負面的譏諷。

「酸」顯然也不只是味覺了。

許多西方城市的中國餐館，習慣性地為了適應當地顧客的口味，把許多菜都加糖加醋，做成「甜酸」的口味。

「甜酸」的混合，是味覺的大眾性習慣。單純的「甜」，可能太膩了，

我童年時因為「白脫糖」視為天堂的美國，長大以後，在美國住了一段時間，很難接受他們的甜食文化，冰淇淋、巧克力、各種甜甜圈，幸福滿溢到這般地步，似乎也不是「天堂」。也許在「甜味」中適當加一點調和性的「酸」，恰如其分，使生命的滋味不會只是單調貧乏。

歷史短淺的文化，常常是嗜吃甜味的，也許是某種幸福吧！但是從生命美學的角度，卻可能是一種遺憾。

生命，真正豐富的生命，丫民，也許不只是五味雜陳，而是百味雜陳啊！

以前常聽長輩說「鹽」是五味之首。

的確，我們幾乎不會單純吃鹽，但鹽卻是料理中不可或缺的主要佐料。

所以，鹹味竟是五味中最主要的基礎嗎？

我喜歡聖經裡一句傳道的話：如果鹽失去了鹹味，還應該叫它鹽嗎？

鹹的味覺，不是甜味的幸福，不是酸味的失落，鹹的味覺，使我聯想起血或汗，聯想起奮力的勞動的身體，聯想起沉默而踏實的生活。

小時候有一種用鹽醃漬的魚，一小塊，可以配著吃好幾碗白飯，那種鹹味，使我回憶起生活裡的簡樸、刻苦、儉省。

鹹味很難像「甜」或「酸」，單純發展成一種味覺在精神上的引申。鹹味太平凡了，平凡到容易被忽略，但是深思起來，「甜」、「酸」有時都可以不用，都有一點裝飾性，鹹味好像才是踏踏實實的生活，

不可或缺。

ㄚ民，我們生活在富裕物質的年代，食物很多，為了吃更多菜，鹽都放得不多；勞動運動都少，排汗也少，更不需要鹽。生活裡鹹味越來越少，漸漸不知道鹽的重要了。但是，完全沒有鹽，身體是會生病的。你覺不覺得，安德烈·魯勃列夫的畫，帶著淡淡的鹹，加一點點的苦。當然，不細細品嘗是絕對品味不出的。

我想起在軍隊服役時的行軍，在烈日下一走好幾天，流了滿身汗，濕了又乾，乾了又濕，沒有停下來換洗的機會，幾天後，衣服後背就結了一層白白的鹽漬的痕跡。

我在味覺的回憶裡，一一整理了自己不同年齡的種種感受。童年的甜，青春期的酸，服軍役時的鹹，它們錯綜複雜，從味覺變成精神上揮之不去的記憶，ㄚ民，如果你有興趣，下一次要和你談一談味覺裡的辣與苦。

你也要開始準備去品嘗生命不同的滋味了嗎？

苦

《第六封信》

丫民：

清晨起床，陽光很好，決定為自己做一道菜。

剝了幾顆蒜瓣，去除掉外面薄薄帶淺紫色的皮膜表層，露出一粒一粒光潔瑩潤如玉的蒜仁。我用利刃把它們切成薄片，蒜心帶一點青綠，空氣中洋溢起清新的蒜的辛香。

我開了火，把鋼鍋熱了，倒進橄欖油。等油熱起來，放進蒜片，聽到吱吱的聲音，鍋裡也騰起焦香的一陣蒜味。

蒜片炒到焦黃，我又剝了一顆洋蔥。洋蔥的外皮是褐紅帶金黃色的，在掌心中，剛好一握的洋蔥，掂在手裡，沉沉的，有一種實在飽滿的感覺。

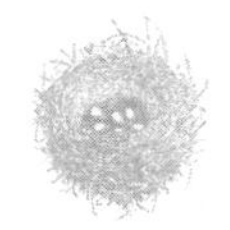

一顆完整的洋蔥，使我想起威尼斯或俄羅斯教堂的圓頂，圓圓飽飽的，有一個尖。剝開後的洋蔥，一片一片，好像緊緊守護著什麼重要的珍貴的東西。

有一個電影導演說過，看一部好的作品，好像剝洋蔥的經驗，總覺得一層一層剝開，最後會突然有什麼意想不到的結局，但是，其實並沒有結局，結局也就在一層一層剝開的過程本身。

只有真正的創作者會有這樣的領悟罷。

一首樂曲、一首詩、一部小說、一齣戲劇、一張畫，其實往往並沒有什麼最後的結局，它們只是像不斷剝開的洋蔥，一層一層打開我們的視覺、聽覺，打開我們眼、耳、鼻、舌、身的全部感官記憶，打開我們生命裡全部的心靈經驗。

我一片一片剝開洋蔥，剝到最後，並沒有出現一個令人驚異的核心。或者，如果有核心，那不過是一個虛擬的核心，並不真實存在。如同我經驗過的最難忘記的動人建築，最美的部分，往往不只是外在可以看到的形式，而常常是一層一層形式包容住的那一個虛擬的內在空間。好像達文西說的，一個好的教堂，應該使人感覺到是進入了人的內心世界。內心好像並不是實體，而是一個虛擬的空間。

我剝完了洋蔥，看著那一片一片透明白玉般微透青色紋脈的鱗瓣，覺得造物的奇妙。切碎洋蔥時，辛辣刺鼻的氣味，瀰漫在空氣中。有些嗆鼻，眼睛也刺得睜不開，湧出了眼淚。

有什麼我看不見的細小分子，存在空氣中，刺激我的淚液。

我又開了火，把油滾熱，把切碎的洋蔥倒入鍋內，鍋中爆起響聲，我用木杓快炒，洋蔥和著蒜片的焦香，熱騰騰地冒起來。

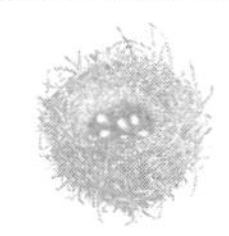

丫民，我寫到這裡，覺得好笑起來。我在教你調製一道料理嗎？

我只是覺得有許多珍貴的感覺，存在日常生活中，生活粗糙貧乏匆忙，其實是沒有藝術可言的。大部分時候，美是心靈上的感受，「忙」是心靈的死亡，生活一忙，心靈粗糙了，也就難以感受美。

我的「菜譜」還沒有寫完，你有耐心聽嗎？

我洗淨了大蔥，大蔥很粗，足足有兩根手指寬，壯大飽實。下面一截青白的根莖，上面是深綠帶黃的蔥葉。最下面一圈根鬚，還沾帶著泥土，可以想像當初緊緊抓著土地直立的樣子。

我把大蔥斜切了，看到蔥白裡一層層細細包裹的薄膜般的組織，嚴密而美麗。我把蔥白也放入了鍋中。

從一個陶瓶中取出三片乾的月桂葉，你知道，希臘神話裡阿波羅追逐著美麗女子戴芙妮，她不斷奔跑，不願意做為阿波羅的愛人，最後她變成了一株月桂樹。十七世紀義大利的雕刻家貝尼尼（Bernini）做了一件雕塑，阿波羅在後面追趕，剛剛碰到戴芙妮，她一剎那間，忽然變幻成了一株月桂，高舉的手指，飛揚的髮梢，都變成了在風中顫動的月桂葉，身軀也形成了一棵樹。

很多人千里迢迢跑到羅馬的美術館看貝尼尼的名作，然而義大利居民烹調料理，都喜歡加月桂葉，他們在月桂的香味裡，重新咀嚼品味，神話裡的戴芙妮好像真的變成了一株美麗而且有香味的樹，藝術文學的記憶和生活的記憶交融在一起。

我把月桂葉揉碎，湊近口鼻，月桂的香很淡，像一個夏天黃昏最後流連不去的光，若有若無。

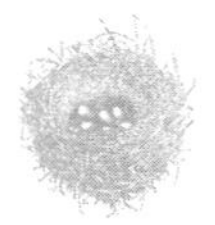

月桂葉會被蒜片及洋蔥的辛烈衝鼻的氣味掩蓋嗎？好像不會，我加入了洗淨去皮的紅番茄，加入了水，那些揉碎的淺石綠色的月桂葉便浮在水上。它們很篤定自己的存在，氣味這麼淡，但那香氣隨著水煮沸後轉小火的燉燜，停在一切濃烈的氣味之上，悠長而持續，好像許多激昂的旋律底下那連續不斷的大提琴沉穩的低音。

有人問我：這道菜，不放月桂葉，會少了什麼嗎？

我想了一下，不知道如何回答。我想到「淡」這個味覺。與濃烈相反，「淡」沒有刺激性，像東方文化裡的豆腐、筍、茶，味覺很淡，卻又十分長久。

宋代的美學常常提到「平淡」，認為是最高的美的意境的領悟。有點像蘇東坡的句子：「回首向來蕭瑟處，也無風雨也無晴」吧，生命經歷了風雨的悽楚，經歷了晴日的歡欣，也許最後回頭，回想一切，就有了「淡」的領悟吧！

所以，濃烈過後，才能品味「淡」的悠長雋永嗎？

Y民，此刻我便坐在書桌前，聞嗅著一陣一陣爐台上傳來的番茄、蒜片、洋蔥的濃烈，及月桂葉在小火燉煮中釋放出來的淡淡的氣味，像一個最好的樂團各種樂器的交響，重擊的聲音與極輕細的弦樂上的顫動，都有它們存在的意義。

我又放了少許粗顆粒的海鹽，再次想起你從南方回來時身上的氣味。我又用研磨機磨碎了一種黑胡椒，那種特別乾燥的胡椒的香烈，也加入了湯中，又倒入了兩杯白葡萄酒，酒香好像一種引誘，立刻就逼出所有的氣味，它也找到了月桂葉淡淡的香，融合起來，浮蕩在湯底。

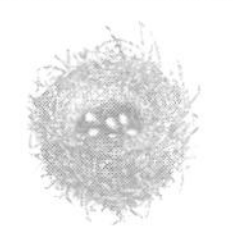

丫民，我不應該這樣引誘你的食欲，或者，你可以全憑想像，構造起一個豐富的味覺世界。

我沒有把我的食譜說完，我要留給你一點想像的空間，那道料理中還有魚骨、貝殼、烏賊、九層塔。或許等這封信寫完，我就可以品嘗這道菜看了。

我好像因此懂得了，為什麼六朝時代，謝赫和鍾嶸要用「品」這個字來談論繪畫與詩。

我好像也因此懂得了，為什麼文藝復興以後，城市的中產者同樣用「品味」這個字來品評音樂、文學、藝術，甚至人們的髮型、服飾與儀容。

許多人誤會，以為「品牌」就是「品味」。

「品牌」可能價格昂貴，但是，「品味」可以很素樸簡單，「品味」需要的不是物質的貴，而是心靈上的自信與從容。

「品牌」常常只是盲目的跟從流行，「品味」卻需要自己細心的學習與感受。

「品牌」是附庸風雅，「品味」是發現自己。一個社會，只有「品牌」，而無「品味」，其實是沒有「美」可言的。

我們的味覺在一生中有一個漫長學習的過程。

從童年甜味中學習了幸福的嚮往，從青春期的青澀少年時代，學習了失落、憂傷，感受到酸的味覺中悠長的孤獨。

那個耽溺於啜飲檸檬水冰酸味覺的少年時代，離我已經很遙遠，但

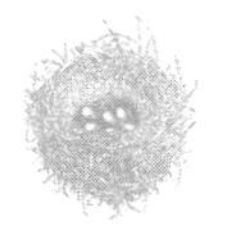

是，不曾消失。那青蒼而憂悒的心事，彷彿變成牆壁上一張泛黃的陳舊黑白照片，有點褪色了，但仍然輪廓分明，使我即使在即將衰老的中年，看到一名少年呆坐在一杯檸檬水前，兩眼發呆，啜著吸管，我便可以回到那昔日的心事，有許多埋解與心疼，也知道這個少年，除了酸味，還有更辛苦的味覺在人生的後面，等他品嘗。

我說了「辛苦」嗎？

ㄚ民，我們或許已經遺忘了，「辛」和「苦」都是味覺。

「辛」常常被記錄在漢藥和某些香料植物中。花椒以及胡椒都帶「辛」味，有一點刺激，有一點痲的觸覺，卻還不到「辣」。

在味覺上，「辛」、「辣」常常被合在一起。「辣」這個字本身有「辛」的部首，是更刺激性的「辛」味吧！

有時我想像那個被稱為「神農氏」的古老年代，古老到還沒有歷史，沒有文明，古老到一切都還像是洪荒中的神話。人類在曠野中行走，品嘗著不同的植物、礦物。有的甜，便歡欣了；有的酸澀，便皺起眉頭；有的辛辣，嘴唇舌頭都像被火燃燒了一般。他們走到海邊，一定記憶了那些岸邊白色顆粒的鹽的鹹味，他們一定也在山林間吃到一些植物的莖葉，吃著吃著，舌根泛起一片沉重的苦味，苦到咽喉，苦到腸胃裡，呼喚起記憶裡奇怪的一些痛，不是肉體上的痛，是心靈上失去希望的痛，好像愛過、擁抱過的身體忽然不再動了，不再有笑容，不再發出聲音，如何搖動，都沒有反應。那守護著屍體的人，從喉頭嗥叫出聲音，好像心裡很痛很痛，好像心裡有一個空空的洞，怎麼也填不滿，他們忽然記憶起來，那個「痛」這麼像這種植物根莖咀嚼時的苦味，便把「痛」和「苦」連接在一起。

所以，ㄚ民，「苦」是一種味覺嗎？或者，「苦」已經從味覺擴大，

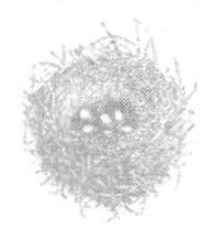

包容了許多生命中複雜的痛的記憶。

辣，也是一種味覺嗎？

我們卻常常形容一種女性叫「辣子」，像《紅樓夢》裡的王熙鳳。有原始野性的生命力，性格熱烈顯明，甚至有肉體上欲望的刺激性。

我們把這樣帶著原始野性欲望的女性叫做「辣子」、「小辣椒」，形容她們很「潑辣」，或者做事手段很「毒辣」。

「辣」的味覺遺留在人類的記憶裡，強烈而且鮮明。

「辣」，很少用來形容男性，男性即使很野，卻不會被認為「辣」。「辣」的味覺中似乎還有逾越規範的某種叛逆性，更具備原始動物性的挑逗與引誘。

現代漢語中有「辣妹」一詞，仍然看得出，「辣」的味覺依然連屬在女性身上。

男性主導的文明，女性受到更多規範與壓抑，一旦背叛約束的禮教，便顯現出「辣」的味覺本質。

有些地區的食物料理是以辣味出名的。印度咖哩中的辛辣，辛香多過於辣。東南亞泰國料理中多把辣味調和在酸味中，彷彿也使辣味降低了火爆的刺激性。

中國北方及西北方的辣，常常是正宗的辣。用熱油爆炒的辣，加鹹味的辣，都使辣更原始、更純粹。那種辣，有時近於酷虐的痛，一般人難以理解，為什麼這樣的酷辣會是美味，但嗜好者卻常常上癮，無法戒除那痛中的快感。

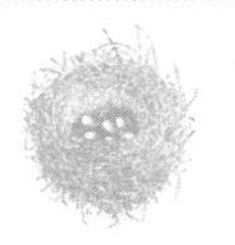

ㄚ民，我想到了原籍中國北方的母親。她的辣椒都是自己種的。特別挑選夠辣的朝天椒，留下種籽，栽培了以後，等候收成。朝天椒很小，一個一個，椒尖朝上，鮮紅鮮紅，在一叢叢尖尖的綠葉中，特別醒目。

母親摘下這些辣椒，在牆頭曬乾，用杵臼搗成細粉末，用熱油炸，一屋子都是辣味，逼出鼻涕眼淚。我一直抗議，無法了解母親味覺上這樣的怪僻。

她吃麵就用這種辣油佐食，不需要任何其他食物，或者塗抹在饅頭上，厚厚一層，叫做「辣椒漢堡」，一面吃，一面流眼淚，大呼過癮。

母親老年，胃病加腎臟病、高血壓又兼糖尿，醫生嚴厲禁止辣椒，但她戒不掉，常常和全家人做辣椒保衛戰。

ㄚ民，母親過世後，我在想，味覺裡存在著一些鄉愁的魔咒嗎？

味覺是這麼漫長的人類記憶裡的癮，像一種傷癒後的疤痕，總是留在身體上，如何也忘不掉啊！

安逸幸福的地區，很難了解徹底的味覺上的「辣」與「苦」。頂多是在「甜」中加上點「酸」而已，畢竟只是少年的憂悒吧，那憂悒分量不重，離「辣」和「苦」的滄桑都很遠。

你熟悉的麻辣，「麻」來自花椒，更近觸覺，把觸覺上的麻，加上味覺上的「辣」，唇舌間便真如火燎一般。

一個朋友，每次吃麻辣鍋，吃完就送醫院，他有嚴重的胃潰瘍，但他

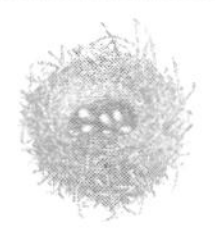

戒除不掉，我無法了解他的癮。

味覺裡有我們潛意識裡揮之不去的生命記憶嗎？

我注意到嬰兒在一段成長的時期，任何東西都往口中塞，大人常常慌忙掏出來，告誡道：「這怎麼能吃！」

人類在初始的階段，並不知道什麼能吃。那神話中的「神農氏」，便在曠野中嘗百草，一日而數百次死亡。神話故事荒謬可笑，但卻使我想起那艱難求活的人類的初期的悲哀。

我在味覺裡經驗了甜、酸、鹹、辣、苦。

我在自己的生命裡也經驗了甜、酸、鹹、辣、苦。

我和大多數人一樣，不喜歡苦味。小時候吃藥，總是很難，要用糯米紙包裹，要包糖，吃的時候閉氣不敢呼吸，還是難以下嚥。

母親總是在吃完藥獎賞一顆好糖做鼓勵。

那時候母親四十幾歲，她從中學時代就遇戰亂，大多數時間把課程停了，幫忙抬傷兵，替傷兵寫家信。「寫著寫著，念著內容的傷兵沒有聲音了，抬頭一看，已經死了。」

母親少女時便經歷著這些戰爭的故事。她結婚時正是中日戰爭，婚宴剛結束，那一幢酒樓便在轟炸中成了廢墟。

我青年時，不能了解母親為什麼那麼愛吃苦瓜。苦瓜切成丁，加上黑色臭臭的豆豉，加上辣油、鹹極了的醃魚乾，一起用熱油爆炒，連飛騰起來的氣味中都使我覺得好像堵在喉頭，臭、鹹、辣、苦，混合成

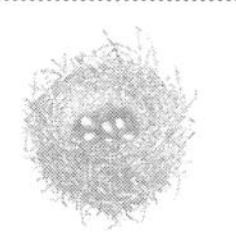

一種難以形容的滋味。

母親要我嘗一點，我抵死不從。我覺得這樣的味覺簡直是自虐。

母親不知道為什麼說起戰爭，說起父親在前線，她帶著兩個孩子逃難，火車擠滿了人，她一手夾一個孩子，卻怎麼擠也擠不上去，車站外面滿滿都是轟炸後沒有收的屍體，破破碎碎的，有的腸子飛掛在樹枝上。

「想了一想，還是要擠上火車，逃出去。」她說。

她便把兩個孩子從窗戶口扔進車去，她想：只要孩子可以到安全的地方就好。

孩子掉在擠得密密麻麻的難民的頭頂，大家咒罵著，又從窗口扔出來。

母親一口一口吃著我覺得難以下嚥的臭辣又鹹的苦瓜。

我沒有問她後來如何保全了兩個孩子，如何逃到了安全的地方。

我好像有一點懂了她味覺裡的辣與苦，好像懂了一點那味覺上的記憶多麼真實的深沉。

丫民，我們是不是太幸福了，很難懂味覺裡特殊的經驗。

母親逝世以後，我從來沒有想到，我竟無端愛吃起苦瓜來了，覺得那在舌根喉頭上停留不去的一種苦味，那麼像母親臨終時我把她擁抱在懷裡的重量。

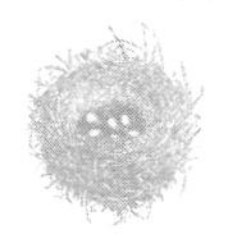

那麼沉重的苦味，你會忽然覺得，甜味太輕浮淺薄了，酸味也只是瑣碎，你可能會覺得連辣的激動都沒有，只是一點鹹，一點苦，好像不知不覺淚水流到口角，知道眼淚是有味覺的。

ㄚ民，我不知道，持續的活著，生命裡還有什麼滋味可以品嘗。

有一天一個法國朋友教我吃乳酪，法國的乳酪有三百多種，一般帶乳香又有一點點發酵以後的酸和臭的乳酪，像Camenbert，我都能接受。但是他要我試一種極臭極臭的乳酪，一打開包裝，一股嗆鼻的臭，白黃的乳皮上結著厚厚一層綠灰色的霉，我的視覺和嗅覺都警告我，這是不能吃的東西。我的法國朋友切了一塊，放進口中，慢慢咀嚼，我從他的表情看到極細微的變化，好像腐爛發霉的生命裡被他找到仍然存在的滿足。他望著目瞪口呆的我說：「你知道，每一個古老文化，到了最後，食物味覺的精品都是品嘗『臭』。」

丫民，我後來去了紹興，因為我少年時熱愛魯迅的小說吧，這裡是他的故鄉。也因為我景仰的秋瑾吧，她在這裡的一處廣場被砍頭身亡。我刻意繞到廣場，人來人往，沒有太多人記得這個悲慘的故事。我想到魯迅把這個故事寫成他的小說《藥》。人們拿著饅頭沾剛砍頭的人血，他們相信可以治肺癆。我聞到一陣陣極臭的氣味，是物質腐爛敗壞到極致的難以忍受的臭。當地朋友笑著說：「紹興人愛吃臭味，霉臭的莧菜稈，霉臭的豆腐，孵了一半的臭蛋，霉千張……」我好像懂了一點魯迅，懂了一點他的沮鬱、苦悶，好像連吶喊的力氣都沒有，好像生命陷在愚昧腐爛的泥淖，在臭爛裡窒息沉淪，沒有拯救。

那個夜晚，我隨當地朋友吃了「三霉」、「三臭」，喝了許多黃酒，他們讚美我「終於了解紹興了」。我酒酣耳熱，一個人走在街上，夜涼如水，不知道為什麼無端走到秋瑾砍頭的廣場，一個人都沒有，一盞路燈，竟然是壞的，我在路燈下大吐起來，滿臉涕淚，一地都是嘔吐出來腐臭餿酸食物的殘敗渣滓。

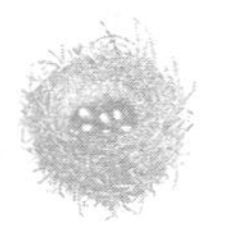

ㄚ民，「臭」真的是古老文明味覺的精品嗎？我還不確定，我要不要去品嘗那生命敗壞腐爛裡難堪的滋味。你覺不覺得巴黎畫派的蘇丁（Soutine）他的畫裡就有一種腐臭難堪的滋味？

童年的聲音

《第七封信》

丫民：

夜裡被一種尖銳的聲音驚醒。一種警報器的聲音，頻率很高，好像人在驚慌無助時的叫聲。聲音持續不斷，有時會停一分鐘左右，忽然停下來的寂靜，使我的聽覺更專注。我仍然躺臥著，但聽到附近有人開窗的聲音，聽到有人似乎隔著陽台在交談詢問。然後警報器的聲音又響起來了，不同的節奏與速度，好像傳達著更多危險與懸疑的訊號。

沒有多久，警報器又停了，在黑暗的寂靜中，我又聽到鄰居們的開窗開門的聲音，遠遠近近彼此交談或抱怨的聲音。

然後，警報器又響起來了。

我終於徹底被吵醒了，無法再睡，捻亮床頭的燈，看一看鐘，是凌晨四點不到。

警報器的聲音持續到了黎明，沒有人知道發生了什麼事。

每一次警報器的節奏、音頻、起伏，都不太一樣，顯然經過設計，達到百分之百警告的效果。警告的聲音，無論多麼尖銳刺耳，重複次數多了，通常效果也就遞減。人們的聽覺似乎習慣了以後就逐漸痲木了，或減少了反應。而這個警報器，在不斷改變聲音的高低、大小、頻率與節奏，每一次間歇停止的寂靜過後，聽覺便接受著全新的刺激。

各自在沉睡中的鄰居，幾乎全都被吵醒了。

我開了客廳的燈，拉開陽台的落地窗，走出去，看到整個社區公寓都醒了，穿著內衣，站在陽台上，認識的、不認識的，都彼此隔著陽台，隔著巷弄街道，彼此問訊，究竟發生了什麼事。

有人說已經打電話報警了，警方應該很快會處理。

有人推測是某間公寓安裝了保全警報系統，可是主人去度假了，沒有人處理。

警報器還是間隔一分鐘左右就響起來，我的印度裔的鄰居奈都夫人激動地抓著頭髮，說：「我要瘋了！這種謀殺人的聲音！」

有人泡了一壺安眠的菩提子茶，坐在陽台的椅子上，慢慢喝起茶來，並且問我：有沒有看前一天轉播的雅典奧運的開幕式。

天空從暗黑裡逐漸透出一些茄紫色的光，對面陽台一對愛人彼此擁吻調情起來時，警報器響得非常厲害，急促的、間斷的很高的短音，好像鼓動著心臟的速度都一起加快了。

聲音一停下來，那種寂靜，會忽然使在激情中長吻的愛人也停了下來。

聲音好像一種布幔，似乎會遮掩什麼；寂靜卻是赤裸裸的，他們立刻好像覺得衆目睽睽，便停止了很隱私的身體上的愛撫。

ㄚ民，這個深夜到黎明的警報，這個使整個社區不能睡眠的聲音，好像一把鑰匙，忽然打開了一個奇異的聽覺世界，使人煩躁，使人驚恐，使人警戒，使人專注，也使人激動或冷靜。

ㄚ民，聲音是不是像一把秘密的鑰匙，總是可以打開封鎖得很嚴密的心事。

有時候你在電話中和我談話，聽著聽著，我會忽然出神，恍惚到純粹聽覺的領域。那時候，我沒有在聽你話語的內容，我聽到的是一種聲音，聲音在空氣中振動的頻率，一種輕重緩急的速度，一種通暢或滯澀的質感。你知道，丫民，你的聲音，變成一種近似書法的線條，有流動、停止，有升起，有低伏，有頓、挫、輕、重，有一些別的聲音中聽不到的質感。像樹葉非常細微的在春天的風裡顫動的聲音，像退潮時河灘細沙裡一波一波水流在滲透的聲音，像新生的秧苗在初春的雨露裡慢慢抽長的聲音，你記得嗎？杜甫的詩裡有一句我特別喜愛的：「潤物細無聲」，詩人聽到過那種聲音，在寒冷漫長的冬天過去，有一種不容易覺察的溫暖及濕度在空氣中氤氳著，滋潤著大地上等待甦醒的所有的生命。詩人靜靜諦聽著，側著耳朵，非常專注，用全部心裡的期待與渴望聽著，他終於聽到了，聽到了萬物被滋潤以後慢慢醒過來的聲音，他形容那聲音很細微，形容那聲音是「無聲」。

「潤物細無聲」，詩人在眾多喧嘩裡聽到了「無聲」。

ㄚ民，是不是因為我的恍惚出神，沒有與你對話，你便停止了言語，你說：「你在聽嗎？」是的，我在聽，我在聽你聲音裡深藏的心事，我在聽那年輕的身體裡對美好事物全心的盼望。

ㄚ民，我沉默，因為聽到了聲音中的心事。

你不覺得，我們的周遭，已經越來越聽不到美麗的聲音了嗎？

我偶然打開電視，看到一些官員和政客的發言，我不聽他們的內容，我嘗試聆聽他們聲音的品質，但往往很失望，那聲音裡都是霸道暴戾，都是貪婪與恨，都是無知與驚慌，因為心虛，甚至更要把聲音誇張得很大很高，但是卻無法聽到任何真實的心事。

ㄚ民，聲音的學習，或許是從寂靜開始吧！

我要學會聽喧嘩裡的寂靜，好像你在電話另一端忽然停止下來的空白與沉默。

我要學會聽得懂沉默。

沉默使我聽到最美麗的心事。

老子說：「大音希聲。」

我反覆感受這四個字。

石器時代的人，用石斧、石鏟、石鐮做工具，在勞動工作的同時，聽到了石頭的工具撞擊發出的聲響。有輕、有重，圓的石頭，尖的石頭，扁平的石頭，發出的聲響都不一樣。聽覺特別敏銳的人，開始把發出不同聲響的石頭排列起來，一個一個敲擊，更清楚地知道了聲響

的變化，組合成一連串有節奏變化，有高、有低、有輕、有重、有響亮、有低沉的聲響，那組合便是最早的「音」吧！

這些原來是工具的石斧、石鏟、石鐮、石刀，懸掛在木架上，一一敲擊，便成了演奏音樂的樂器，叫做「磬」。

你看到過「磬」的演奏是嗎？「磬」，這個漢字，也就是石頭的發聲啊！

漢民族把聲音分為「八音」，金、石、絲、竹、匏、土、革、木。「八音」，也就是八種不同物質發聲的可能。

我很喜歡這麼純粹的對聲音的解釋。

好像小時候隨母親去買西瓜，她便一個一個敲著，用聲音來判斷瓜的好壞。我也學著敲，好像學著敲開一個西瓜隱密的心事。她的動作，我如今都記得，左手掌托著瓜，右手中指扣著大拇指，輕輕彈動，中指彈在瓜皮上，發出「剝」、「剝」的聲響，聽到響脆的回應，她才滿意地說：「這個瓜是沙瓤，也甜。」

我無法那麼準確了解，聲音裡可以有這麼多判斷。

但我隨母親在市集一路走下去，聽到街市裡那麼豐富的聲音。打鐵鋪鼓動大風扇的聲音，皮革的氣囊一開一闔，把氣流充滿到爐口裡的風的聲音，木炭燃燒時滋滋的聲音，偶然一些礦物雜質在高溫裡爆裂時「啪」的一聲，鐵錘打在砧上的聲音，一聲一聲，沉沉的，配合著打鐵師父用力時肺腑裡吐氣呼吸和間歇時喘息的聲音。我遠遠的站在西瓜販的攤子前，聽著那打鐵鋪裡各種金屬相碰撞傳來的聲音，覺得生活實在熱鬧，有一種莫名的快樂。

漢語「八音」中說的「金」，其實是廣義的「金屬」，在上古時代，更特別指「青銅」，一種銅與錫的合金。

青銅的樂器，一般會想到「鐘」，大大小小的鐘，懸掛起來，用木棍撞擊發聲，形成複雜的「編鐘」。

「編鐘」和「編磬」，便是最早「金」、「石」的音樂。古語裡說：「精誠所至，金石為開」，「金」與「石」發出了聲音，是因為共鳴著人類內在的心事嗎？

西方樂團中稱為「銅管」，已經有了形狀的含意。東方上古說的「金」，也許是更本質的物質的聲音罷。老子說：「大音希聲」，似乎是把音樂還原到物質的發聲，他關心聲音的本質，更甚於音樂的形式，也許接近西方現代音樂裡「極簡主義」（Minimalism）一派的觀念。

ㄚ民，我想要帶領你去聽萬物的聲音。

大地深處有銅礦的聲音，在大地震動崩裂的時候，被擠壓的銅，便回應著，好像一種肺腑之言。

你一定聽過溪流激湍裡石子與石子被沖激迴盪相互碰撞的聲音。白居易的《琵琶行》裡說的「大珠小珠落玉盤」，是玉石的叮咚。

你聽過「絲」的聲音嗎？聽過那古人常說的「裂帛」的聲音嗎？緊繃的纖維，彈跳、摩擦、扣緊和鬆弛之間，都會有聲響的變化。

我在蒙古的大草原上，看到牧民們手中持弓，仰天射雁。弓弦拉緊，箭像流星一般射出，風裡都是弦的震動。那張弓射箭的弦，正是如今

所有弦樂演奏中扣人心弦的弦。

他們用聲音辨別弦的緊繃，當弓弦張到圓滿，箭射放出去，弦在空中震動，那張弓，是射獵的工具，也是樂器。

什麼是樂器？所有可以發聲的物件或許都是樂器吧！

我看過一個拘謹的鋼琴演奏者，坐在名牌的鋼琴前，看著樂譜，一個音符一個音符，準確無誤地彈完。我覺得疲倦，那些聽覺上的聲響，震動不到我心靈裡去。他沒有熱情，沒有喜悅，沒有憤怒，好像沒有愛，也沒有恨，只有音樂的刻板形式。我忽然想念起那遙遠草原上獵人的弓弦，想念起箭飛馳的聲音，想念大雁翅膀撲飛的聲音，想念秋風裡長長的雁的淒哀的鳴叫的聲音，想念起草在風裡劇烈顫抖的聲響，想念一個老獵人從肺腑深處裡吆喝起來的那麼悠揚嘹亮的而又蒼涼的聲音。

ㄚ民，沒有聽過萬物的聲音，是不會懂樂器的。

不懂得自己的身體，也不會知道什麼是聲樂。

我們的身體其實是一個樂器，在所有的呼和吸中發出了聲響，那些或大或小的氣流，那些或輕或重的氣流，那些或快或慢的氣流，那些或飛揚或沉重的氣流，在我們的身體各個部位行走，好的聲樂，總使我覺得不只是咽喉聲帶的聲音，是肺腑的聲音，是丹田或血脈裡的聲音，或者，連最細微的毛孔裡都在發聲了。

「金」、「石」、「絲」、「竹」，上古的音樂帶領人們通過聲音去認識物質的狀態。

「裂帛」的聲音不容易了解了，「帛」是纖維密密織成的紡織品，是

布帛，是綢緞，是絲或麻，一整匹，從中間用手撕開，發出一種近似驚叫的聲音，是糾纏擁抱在一起的纖維忽然被强力扯開的憤怨悲傷吧。古人常形容一種心底的驚叫為「裂帛」之音。傳說上古被商紂王寵愛的美女褒姒，總是不笑，一次偶然聽到了「裂帛」的聲音，她笑了，紂王為了看她一笑，便找來天下的布帛絲綢，命人撕給她聽，換取她的笑容。小時候聽到這個故事，使我很著迷於神秘的「裂帛」的聲音。

你聽過竹子的聲音嗎？ㄚ民。

我不是說簫、笛，不是說製作成樂器以後的竹子。我是說那滿山遍野的竹林裡的聲音。

我在故鄉中部的一座山裡聽了一夜的竹聲。高高長長的竹子，一節一節，有十幾公尺高，挺拔而且修長，在風裡靜靜搖曳。到了夜裡，因為寂靜，可以聽到一聲一聲竹梢在高處相撞交互的聲音。空空的，並不驚擾人，但非常清晰。你閉著眼睛，聽久了，可以分辨得出粗的竹子和細的竹子聲響的不同，你可以分辨得出不同長短的竹節會敲擊出不同的音高，你可以分辨出撞擊力量的輕和重的不同。那一夜，我被極豐富的、不斷變化的竹林的聲音包圍著。聽到竹子爆裂開來的嘶叫的聲音，聽到斷折的竹管裡不完整的回聲，聽到竹子上被蟲蛀了一個小孔，風在孔裡竄來竄去「咻」、「咻」的像口哨般的聲音。

那最早把一節竹管拿出吹出聲音的人，一定有難以形容的驚訝與歡欣吧。他嘗試著各種氣流在中空的竹管中震盪的回聲，他嘗試在竹管上鑽了幾個孔，嘗試用手指壓緊或放鬆，嘗試用口唇貼近的變化，去控制氣流的長短强弱，他在各種聲音的變化裡充滿了發現的喜悅。

丫民，有一次你帶了一支叫「把烏」的竹管樂器，你正在學吹，並不熟練，試了又試，我走開去做自己的事，你一直練習，那聲音，震動

簧片，時時傳來，好像我夜晚倚窗聽到的潮汐。好像某一個夏日午後樹林裡響成一片的蟬的叫聲，我走過樹下，看到墜落的蟬，僵死在地上，已經不動了，翻過來看，牠的腹部好像還微微鼓動著，那一片一片的組織，真的像樂器上的簧片，好像還要發出聲音，要努力叫著，證明牠活著。

在鄉下住過，你一定聽過池塘裡的蛙鳴。入夜以後，從疏落到密集，像**唰唰**的急雨，像千萬人一起擂鼓，那聲音使整個曠野活了起來。

ㄚ民，那一夜竹林的聲音使我沉靜，也使我騷動，好像從心底翻騰起許多記憶。

那個我童年時固定在街市上賣麥芽糖的男人，手上搖轉一個裝置了竹製轉軸齒輪的竹筒，一轉動，便發出竹軸「嗒」、「嗒」的聲音。那個在夜晚推車售販麵茶的老人，在沸滾的水壺嘴上裝了一個哨子，水一沸騰，熱氣向外衝，哨子便響起，一整個夜晚，便聽著那響亮有點孤獨的聲音在人們入睡以後的大街小巷迴轉來去。

打鐵鋪旁邊新搬來了一個彈棉花的師父，每天揹著一張竹製的大弓，把舊棉被的棉胎掏出來，用弓彈鬆，使棉花又鬆又軟。我站在店門口看，棉絮像雪片一樣飛起來，竹弓上沉沉的聲音，「咚」、「咚」、「咚」、「咚」，有非常沉穩的節奏。

夜晚躺在床上，聽著鄰近人家豬圈裡豬隻打鼾「呼」、「呼」的聲音，覺得那麼近，好像那肉體裡溫熱的氣息都噴在臉上。

我聽到過小小的雞雛從蛋殼裡掙扎著出來的聲音，蛋殼細細的裂聲，雞雛嚶嚶的清新稚嫩的啼囀，都無法忘記。

我聽到蚯蚓在雨後濕潤的泥土裡，拖著遲緩的身體滑過。聽到扶桑花

帶著雨水的重量，撲倒在泥土地上的聲音。聽到養在水盆裡的蛤蜊，靜悄悄打開硬殼時，會有不容易覺察的「啵」、「啵」的聲音。我聽到紙盒裡蠶蟲吃食桑葉的聲音。牠們再隔一兩天，就要吐絲了，一個晚上，我便靜靜聽著那細細的絲不斷吐出來的聲音，把自己纏繞起來的聲音。我覺得我那童年聲音的世界就要結束了，我覺得那些聲音的細絲在自己心裡結了一個繭，我聽到淚水在臉頰上流下來的聲音。

丫民，我在睡夢中驚醒，聽到豬圈裡豬隻騷動驚慌的聲音，聽到牠們淒厲的掙扎的聲音，聽到肉體被綑綁的聲音，聽到沉重的肉體被重重摔在地上的聲音，聽到利刃刺進厚厚的胸腹時那麼絕望哀嚎的聲音。

丫民，我害怕音樂，音樂總是像一把奇幻的鑰匙，把我以為已經死去很久很久的童年的門忽然打開了。

我那個充滿了聲音的童年世界真的結束了嗎？還是它們都幻化成了聲

音的魂魄，隱密在我身體不可知的部位，總是在我聽覺的領域探頭探腦。

《第八封信》

金石絲竹匏土革木

ㄚ民：

童年時我用廢棄的紙製空藥盒養蠶，從蠶卵開始孵起。那些卵很小很小，黏在紙片上，像草本植物的種籽，黑黑的，一點一點。不容易讓人相信，每一個黑點裡隱藏著一個等待孕育孵化的生命。

生命真是奇妙啊，當那些小小的黑點，在一個清晨，全部變成了蠕動的如同線頭一般的小小的蠶，我便望著那紙盒裡的小東西，彷彿遇到意料外的神蹟，目瞪口呆。

我開始每天清晨透早就去摘桑葉，用乾淨的布擦拭乾淨，把葉片切成細細一條一條，放進紙盒裡。那些黑線般的小蠶便爬在綠葉上。我看不出牠們在吃葉子，但下了課，再去看，葉子都不見了。

蠶長得很快，不多久，桑葉不用細切了，一整片放進盒裡，那長得白

胖的長長的蠶便依著葉子邊緣，口中像有一把切刀一樣，一口一口，很快桑葉邊緣便吃出一個缺口。

小學裡，很多同伴都在養蠶。紙盒上用錐子鑽了孔，可以透空氣，上學時就帶在書包裡。進了教室，各自打開紙盒，比較誰的蠶長得壯大。有一位同學蠶養得特別大，嫉妒心重的同學，便趁這人上廁所，在紙盒上畫符，念咒語，詛咒那長得壯大的蠶停止生長或暴斃。

老師來了，大家趕緊把紙盒收到課桌下的抽屜裡。老師講著課，我便聽到紙盒裡的蠶沙沙吃著桑葉的聲音。

丫民，你相不相信，那蠶在噬咬桑葉的聲音比老師講課的聲音清晰得多。

我學會了去聆聽細微的聲音，寂靜的聲音，沉默或孤單的聲音。

如同在許多演奏者的場所，我嘗試聽演奏者聲音與聲音之間的空白，聽那喧嘩的旋律背後更細微的期待、盼望，延長或休止。我好像聽到了聲音之外的心事，聽到了老子說的「大音希聲」的「大音」。

古琴的演奏裡，我看到演奏者右手的攏、抹、撚、挑，各種指法的表演，但是，我真正安靜下來，便聽到了他左手在繃緊的弦上按捺的顫動或挪移，不是表演，只是心事而已。

你覺不覺得八大山人畫裡的空白有一種荒涼的聲音，是洪荒的聲音，很混沌、很空洞，但又無所不在。

挪威的畫家孟克（Munch）畫了一張著名的《吶喊》，用一圈一圈像水波盪漾開的線條，傳達著聽覺上的頻率的震盪。那是比較容易懂的畫裡的聽覺。但是，八大山人的畫裡的聲音，卻是極不容易聽到的。

那大片大片的空白，像生命最初或最後的寂靜之聲，像古老廢棄的乾涸的深井，從空洞的深處升起來的回聲，像動物屍骸死去千萬年後從內裡迴盪起來的虛無之聲。

ㄚ民，古老的琴弦，常常是死去的蠶一直吐著的絲製作的，那蠶死去許久許久，絲卻還在人世間震動。

那古老的簫或笛，是被斬伐的竹子，去除了旁枝葉片，曬乾了，刮去了外皮，鑽了孔。但是，那支竹管，好像還記得風雨中自己的搖曳的聲音，記憶得起那月光下自己的華麗自負，記憶起被初升的陽光照亮時的喜悅歡欣。

據說，吹笛的高手，笛子的竹管的內腔是殷紅的，有人說是吹笛者的血絲的痕跡。

許多人一笑置之，認為是荒誕的傳說。

ㄚ民，美在他人喧嘩嘲笑時可能特別沉默。

美不善於論辯，美只是在特定的血源裡默默傳遞自己的族譜。

你一定聽過俞伯牙、鍾子期的故事。一個聽得懂琴音的朋友死去了，他便摔碎了琴，從此不再鼓琴了。

你也一定聽過晉代的嵇康吧，寫了一首著名的《廣陵散》，是名聞一時的樂曲，嵇康後來上刑場，臨行前，許多人求他傳授《廣陵散》的曲譜指法，他仰天大笑說：「《廣陵散》從此絕矣。」

我們聽不到俞伯牙的琴音了，我們也聽不到《廣陵散》了。ㄚ民，這些看來荒誕的故事裡，有什麼東西使我深深心痛了起來。他們關心

的，其實好像不是音樂，而是聽覺。沒有聆聽生命的領悟，音樂其實是沒有意義的。俞伯牙摔碎琴的那一剎那，那一定是驚天動地的聲音吧，然而沒有人聽見了，或者聽見了，卻不能領悟。

我好像因此懂了一點嵇康的寂寞。

所以，我們並不遺憾《廣陵散》失傳，我們走到市集，走到山水裡去，走到曠野，走到萬物死而復生，生而死滅的喧嘩中去，便聽到了無所不在的嘯叫起來的聲音。

我今天在一個阿拉伯人經營的香料店，看到門口掛著一串空的曬乾的瓜。

我想到「八音」中的「匏」，「匏」是一種瓜，像葫蘆瓜吧，成熟以後，摘下來，曬乾了，瓜瓤都萎縮了，瓜皮乾硬，中間形成一個中空的部分。古代民間常用這瓜做容器。賣藥的人在瓜蒂部分切一個口，裝上塞子，可以裝藥。也有人把瓜劈成兩半，變成瓢，可以用來舀水。

現代樂團裡用瓜匏做樂器的不多了，但是，世界許多少數民族，仍然用瓜匏做樂器共鳴的部分，像雲南、貴州一帶的「葫蘆笙」，用空的葫蘆做器身，上面插著不同長短粗細的蘆管，變成了「笙」。

「笙」這種樂器在東方很普遍，敦煌壁畫裡，許多飛天手上就捧著「笙」。

我在這個阿拉伯人的小鋪看到曬乾的瓜，並沒有製成樂器，主人只是自己喜歡收集，他告訴我，可以聽得見空空的瓜裡乾縮堅硬的種籽的聲音，便取下一個，搖給我聽。

他看著我，詢問著：「聽到了嗎？好多種子，好像在叫嚷：放我出來！放我出來！」

許多生命死亡了很久，我們以為沒有生命了，聲音卻還存在著，聲音像是頑強持續不肯散去的魂魄。

我因此常常繞去看藤架上懸吊的匏瓜，看它們沉重飽滿的模樣，青青的外皮上有一些細細的茸毛，在陽光下閃閃發亮。我也看它們過了成熟的季節，被摘了下來，在市場上售賣。但是很少人在意它們乾枯發黃以後，變得很輕，像衰老的老人的身體，肉體和骨質都疏鬆了。那些厚實的肉體哪裡去了？我輕輕扣著那乾硬的外殼，聽到空空的回聲，久遠古代的人，一定也聽到了這回聲吧，便把這乾了空了的匏瓜，製作成了樂器。

大地裡的銅礦、石塊、蠶的絲、修長的竹管，都記憶著聲音，乾了的匏瓜也一樣，它們是在聲音裡延長著生命嗎？

ㄚ民，我想和你一起去聽大地的聲音、泥土的聲音。

我們已經很少接觸土製的樂器了。

上古有一種陶土製的樂器叫「塤」，用陶土製成桃子大小、中空的圓球，上面有小孔，用雙手握著，對著孔吹，便發出嗚嗚低沉的聲音。「塤」並不常演奏，好像也並不是特別適宜於表演的樂器。東方的「八音」，只是在不同的物質裡發現聲音，卻並不只是關心表演。僅止於關心表演，藝術畢竟不會走得太遠。

東方的許多傳統樂器也因此似乎不完全在意表演，而毋寧更是把聲音的發現做為一種心事的修行罷。

許多人為了改革東方傳統樂器，為了和西方近代樂器競爭，常常加大樂器的共鳴部位，使它們更適合在大庭廣衆中表演。

我只是反過來想：為什麼長久以來，許多東方傳統樂器，刻意不發展共鳴的部位？

老子的「大音希聲」，是不是確定著東方音樂哲學上反喧嘩與反表演的方向？

對話如果是一種聲音，那麼，獨白不也是一種聲音嗎？

古代文人玩琴，似乎只是為了一二知己，甚至傳說高手靜夜操琴，有人偷聽，琴弦便會繃斷。現代急於表現的藝術家，或許已經很難了解這傳說中的隱喻吧。

土製的「塤」，土製的陶笛，土製的盆、碗、缸、甕，都有聲音，它們有時是樂器，但大部分時刻，它們只是安分的生活裡的器皿。「形而上者謂之道，形而下者謂之器」，物質上的「器」，其實呼應著精神上、心靈上、形而上的修行。東方的藝術，尤其是音樂，似乎走向一條與西方近代十分不同的道路。

我只是想多思考一些關於金、石、絲、竹、匏、土、革、木的本質。

「革」，其實不難理解，是死去的動物的皮製成的樂器，當然主要是鼓，但在現代樂器分類裡，叫做「鼓」，稱做「打擊樂器」，卻很少會分出一類「革樂」。八音裡的「革」特別強調了物質存在的本體，「革」這麼直接，就是動物死去身上的皮革。

許多原始音樂中都有鼓，鼓在民間音樂也一直扮演重要的角色。

田獵的時代，一頭動物被獵殺了，屠宰烹食之後，那張帶著血跡的皮，彷彿猶記憶著血淋淋的生死搏鬥。那張皮，被繃在中空的木桶上，用動物的腿骨當鼓槌敲打，「咚」、「咚」、「咚」，一聲一聲，好像死去的動物便復活了起來。

鼓在許多原始祭祀中像儀式裡聲音的符咒，那聲音可以驅趕邪祟惡魔，那聲音，可以驅趕人們心中自己的恐懼慌張，那聲音，回應著熱烈的心跳，使生命振奮起來。

丫民，我在北方黃土高原上看過數百人擊打起來的腰鼓。不是在優雅的音樂廳，不是在舞台上的表演，不是經過音樂專業訓練的藝術家。他們就是土地裡的農民，皮膚曬得黑紅黑紅的，勞動的筋骨，雖然乾瘦，卻緊實而有力氣，眼睛也炯炯有神。他們數百人列隊，頭上紮著頭巾，腰間繫著鼓，手持鼓槌，鼓槌上飛揚著大紅的飄帶，一步一鼓，步伐隨著鼓聲，在飛騰著黃色沙塵的春天翻耕前的大地打鼓祈福。

這是藝術嗎？這是表演嗎？這是音樂嗎？

ㄚ民，我還不確定。

我看到乾旱的黃土，經過一個冬天的冰封，看不出這樣堅硬貧瘠的土地可以種出什麼作物。但是，也許這些農民不信邪。他們列隊擊鼓，他們要在荒涼的大地上用鼓聲叫醒春天，叫醒天地，叫醒生命。

他們越走越快，好像在播種，又好像在插秧。數百名壯實黧黑的農民，鼓聲震天，腳步踏在大地上，飛揚起塵土，腳步越抬越高，好像飛躍起來，他們應和鼓聲，從肺腑中吆喝出低沉的男子的詠嘆。

ㄚ民，我不知道這樣的鼓聲，這樣的歌聲，是不是一種音樂？它們一

定傳誦存留在這黃沙飛塵的土地上已經很久很久，在最艱難的環境裡試圖努力求生存，那鼓聲便如一種吶喊，直接而又高亢，是祈求，是控訴，是祝福，又是一種活著的證明吧。

被歸納在「革」類的鼓，在人類的聽覺世界依然扮演重要的地位。民間的廟會賽神社戲，都少不了鼓。打擊樂中的鑼鼓，也常常是民間野台戲開始的前奏，歡欣鼓舞，鼓聲是振奮生命的聲音。

用於作戰的軍樂也自然離不開鼓，東方西方皆然。古代中國以鼓聲做為軍隊行進或攻擊的指揮，以金屬為鐃，做為止兵的節奏。聲音主宰著人的行動進退，也就是儒家禮樂哲學的來源吧。

「木」的樂器，直接會想到梆子。在民間戲劇裡常常成為演員身段、表情的指導。

木材的選擇其實一直與樂器的製作有關，西方的大小提琴，都精選木料，製作名琴，中國也不例外。有名的「焦尾琴」便透露著高手選擇琴材的神奇傳說。據說，上等琴材是用桐木，桐木輕而質地細密，共鳴清脆。一位製琴高手，遍尋上等琴材而不可得。一日隨意遊玩，在鄉野間見人燒柴，火光中聽到木材爆裂的聲響，心中一驚，正是多年尋找的上等琴材的聲音。此人急忙命人撲滅了火勢，從灰燼中搶救出一段木材，果然是上等桐木，便取來製了一張名琴。因為燃燒時，一端已焦黑，正在琴尾，便取名「焦尾琴」。

丫民，我喜歡聽覺世界裡流傳著這樣的故事，好像木柴也在尋找可以救它的知己。金、石、絲、竹、匏、土、革、木，這八種天地間的物質，等待著人去發現他們，成為他們聲音上的知己。

我常在想，那在火光中即將燃燒成灰燼的一段柴木，是否知道自己淪為廢棄的木料而哭泣呢？總覺得好的琴音裡帶著哭聲，在生命被糟

踢、忽視、背棄或遺忘的時刻，那不甘心消失的生命便一一嘯叫了起來，要呼喚知音前來。

那製琴者聽到的火光中木柴的叫聲，正是那生命的哭聲嗎？

繪畫史上傳說著晉代大畫家顧愷之畫過的嵇康的像。嵇康是鼓琴名士，顧愷之畫出他「手揮五弦」的姿勢，大家都讚賞他畫得好，畫出了演奏者的動作。但是顧愷之補了一句，他說：「手揮五弦，易；目送歸鴻，難。」以繪畫名家而言，顧愷之覺得畫出嵇康「手揮五弦」的動作並不難，困難處在於嵇康的眼神，遠遠看著天空大雁飛去，那眼神這麼遙遠，這麼空寂，那麼多複雜的心事，隨大雁越來越遠去，似乎並不在彈琴。

一般人或許不容易了解顧愷之的慨嘆，但是，丫民，我想你一定能懂。藝術的不同類別，叫做繪畫，或叫做音樂、舞蹈、並沒有本質的差異。繪畫是視覺的，卻也包容了嗅覺、觸覺、聽覺；顧愷之完全聽到了嵇康的聲音之美，知道那聲音中的自負孤獨，並不在「手揮五弦」，而是在心靈上的「目送歸鴻」，可以有比表演更高更遠的盼望與追求。

近幾年南京出土了一件磚雕的《竹林七賢圖》，其中有嵇康鼓琴，不能確定是否與顧愷之的稿本有關，但的確使我細細品味了繪畫美學上「手揮五弦，目送歸鴻」的意境。

ㄚ民，我在和你談音樂嗎？好像不是。我或許更想知道你對聽覺的看法。

陶淵明和嵇康、顧愷之的時代相近，他的傳記裡留下一段似乎與聽覺有關的故事。陶淵明不僅是大詩人，他也懂琴，他的一張琴，名叫「素琴」，樸素簡單到只是一片木板，上面沒有弦。

「沒有弦？怎麼彈奏呢？」你心中一定有疑惑吧。

許多人也都疑惑，便質問陶淵明：「沒有弦，你怎麼彈奏？」

陶淵明笑了笑，他留下兩句詩，他說：「但識琴中趣，何勞指上音。」

六朝的名士，把藝術從技術的層次一直提升到真正心靈的釋放。「指上音」是音樂，是有形的存在，但是，並不是心靈的領悟。太多技術上的「指上音」，而沒有心靈上的領悟，或許恰恰閉室了人的聽覺，開啓不了心靈。

陶淵明的「素琴」是在對抗什麼嗎？是在嘲諷什麼嗎？是在隱喻藝術之外的另一種領悟嗎？

ㄚ民，我想聽一聽陶淵明的素琴，如同我想聽一聽西方現代音樂重要革命者約翰．凱吉（John Cage）的《四分三十三秒》，一場完全沒有演奏的音樂會。

相隔一千五百年以上，陶淵明的「素琴」與John Cage的《四分三十三秒》，似乎異曲同工，都在使音樂回到人的聽覺本質。

ㄚ民，我忽然想起多年前在一所高山的廟宇住了幾日，入夜後，空寂的寺院有草蟲鳴，有燈蛾撲飛在窗紗上的聲音，有山風在樹梢高處的颯颯聲，我靜坐聆聽，聽到一種木魚的敲擊，「哆」、「哆」、「哆」、「哆」，非常安靜，好像呼吸，好像心跳，好像我自己和自己的對話。

你還聽得到自己心裡最深處的聲音嗎？

《第九封信》

山色有無中

丫民：

據說有兩個颱風在島嶼周邊海域徘徊，風勢顯然與往常不同，我聽到「戈登」、「戈登」窗戶震動碰撞的聲音，便放下了工作，走到窗台上眺望。

你記得嗎？你常常靜坐看河的那一個窗台，柚木板上的漆，因為日曬雨淋，容易斑剝碎裂。你上次來，用細砂紙打磨過，重新上了漆，漆是特別挑選過的，耐日曬，也防水，又一連上了三層，果然牢固多了。工作累了，我就沏一壺茶，盤坐在這乾淨光潔的新漆過的柚木窗台上，看窗台外遼闊的河，河的對岸，有密聚的房舍屋宇，城市捷運緩緩駛過。

但今天的風勢顯然大了一些，我首先注意到河中的波浪，一層一層翻捲，帶起白色的浪花。河水漲潮時也起浪，但節奏比較有秩序，一波

一波，舒緩而不急躁。丫民，你曾經在一個夜晚，因為月圓，聽著漲滿的潮聲，卒至於無眠。第二天清晨，我看到猶沉睡在窗台上的你，在初日幽微的旭光裡，眉眼安詳寧靜一如嬰兒。我看到攤開在你身邊的素描本，以及一支2B鉛筆。素描本上是許多鉛筆摩擦的痕跡，有的是一條一條的細線，有的像是一片漫漶的細沙，單純的鉛筆，有許多輕重、延長和頓挫，濃和淡、深和淺的層次變化。

你醒來向我微笑，我指著圖畫說：「這是什麼？」

你說：「滿月的潮聲。」

我仔細一頁一頁翻看，雖然滿滿都是抽象的筆觸，但是可以感覺到筆觸的節奏，平緩、安靜、飽滿而又充實，的確像滿月的潮聲，一波一波，非常細微，不容易察覺，卻又非常篤定，非常堅持，不到漲滿，絕不止歇。

是不是所有的嗅覺、聽覺、觸覺，乃至於味覺，都能轉換成圖像的視覺感受？

ㄚ民，你試圖畫出一個月圓的夜晚漲滿的潮聲，那潮聲在你耳膜中迴盪拍擊，久久不去，那潮聲也漲滿你全部的身體。那潮聲像你自己脈動的血流，一次一次，衝擊向等待漲滿起來的心臟。你並不是用視覺在畫畫，是那被漲滿的心，要找到一個紓解的出口嗎？

視覺常常是紓解自己情緒的出口嗎？我不確定。

我被情緒漲滿的時候，覺得自己像一條要氾濫的河，我需要在空曠的地方大聲嘯叫，像六朝文人在荒山裡的長嘯，讓自己的聲音從胸臆肺腑間源源不絕地流瀉而出。我需要在無人的地方放聲高歌，我需要奔跑的速度，需要大風在耳邊呼嘯，需要在水裡浮沉，需要大浪擊打在

身上震撼而又暈眩的感覺，ㄚ民，我的紓解或許更傾向聽覺與觸覺吧。

因此，今天的窗台風景很使我著迷了。

因為兩個逼近的颱風吧，河水的浪一波一波地洶湧起來，隨著風勢的强弱，隨著風的方向，激起的浪花，有許多不同的變化。

使我著迷的更是河面上瞬息萬變的光。因為風勢，天空上雲行走的速度變得很快，雲的影子移動在河面上，河水的波紋上便閃爍著明暗的光，閃爍著瞬間乍亮乍滅乍陰乍陽千變萬化的光的變幻。

我看到大片大片光的移動，我看到每一朵浪花的綻放，光像花瓣、像星辰散碎的絢爛，我看到浪花與浪花之間，非常細微的一絲一絲的光的流動，像極細的黃金的絲，竄動糾纏，到處晃漾。

我的視覺耽溺在光的變化裡，因為光，我也看到河流釋放出不可思議的豐富色彩。藍色天空的倒影，天空裡白雲和灰黑雲團的交錯，漲潮的海水湧進來，淺淺的青色與濁黃的河水交融的層次，形成明顯的潮線。我看到好像特別亢奮的魚，在水波下游動的透明的身體，身體上每一片閃動著光的鱗片。我好像看得到淺水處牡蠣貝殼吐發出珍珠色的幽幽的微光，像傳說裡鮫人哭出的眼淚。我看到水草特別深暗的綠，一綹一綹，像女子美麗的頭髮，糾纏在水波裡，流著綠玉髓般華美的光。

ㄚ民，視覺是如此豐富的饗宴！

我曾經翻閱過一本有關介紹視網膜的書，了解到人類眼睛構造如此神奇而複雜。我們都稱為「眼睛」的這一器官，其實在不同的物種，產生的「視覺」經驗是非常不同的。

一個在昆蟲的領域研究「蜂」的年輕人，和我談起過她的研究，也特別講述了有關「蜂」的視覺的種種。她說：昆蟲的眼睛是由許許多多方格組成的複眼，物體在昆蟲的視覺裡，也就可能呈現像馬賽克一樣、由許多小塊組織拼湊起來的影像。她專業的敘述，我未能完全了解。但我開始冥想起自己的眼睛，若是昆蟲的眼睛，會是什麼樣的視覺經驗？

物種果真是在進化嗎？人類是否是這物種進化目前最完善的形式？

丫民，我知道，我們的視覺，複雜的程度，遠遠超過許多動物。貓或狗的眼睛，能夠分辨的色彩，遠比人類要少得多。人類的視網膜，可以分析的色彩，達到上千種之多。然而一般的動物，像狗，可能只對紅色等較强烈的色彩有反應。

人類的視覺有時會有缺陷，被稱為「色盲」或「視弱」，便是視網膜解讀色彩或光的能力受到了限制。

在數位相機普遍的時代，你們習慣比較著不同畫素的相機。當你看到一個同伴擁有一台五百萬畫素的相機時，你迫不及待，把記憶卡上的圖像傳輸到電腦中。把圖像放大，分解，看每一個細部放大後的色彩層次。你嘆了一口氣，跟我說：真精采，放到這麼大，還這麼清晰。

丫民，我們的眼睛，和昆蟲相比，和一般動物相比，也是一台最新的、高畫素、品質最精細的數位相機嗎？

學藝術的人，常常覺得無法進入科學的領域，甚至以為藝術與科學是互相衝突的。

我自己以前也有這樣的誤解，中學時的偏見，使自己錯過了許多可以

了解科學的機會。

以後讀美術史，知道人類美術的發展，無論繪畫、雕刻、建築、劇場，都與同時代的科學發展息息相關。

十九世紀初，以法國為主的歐洲，科學家研究了光學，訂出了橙、紅、黃、綠、藍、靛、紫的光譜，這一光學的研究，大大影響了之後西方繪畫對色彩的看法。文藝復興以來，數百年學院派的色彩理論被顛覆更新了。畫家們重新省視色彩與光的關係，試圖了解色彩在不同的光線下波長與波短的不同。他們紛紛離開畫室，從室內走向戶外，結束了數百年局限在室內畫畫的習慣。他們在戶外長時間寫生，嘗試捕捉瞬間即逝的光構成的色彩變化。

莫內（Monet）面對一堆田中的禾草，從黎明的光畫到清晨。經過一個小時一個小時的變化，觀察光在禾草稈上一絲一絲色彩的千變萬化。一直畫到正午，日正當中，出現泛白的光，陰影和日光中，色彩出現强烈的反差。一直畫到下午，畫到黃昏，斜照的夕陽的光的反映，色彩又出現了變化。他一直畫到入夜，月光下幽靜如魂魄的禾草，每一根草稈上都流動著月光。莫內要畫的，並不只是禾草，他在記錄光和色彩，他在記錄自己的視覺可能發現的最細微的光與色彩的變化。

丫民，畫家的眼睛擁有最高畫素的視覺可能。

我們的視覺的確是物種長期演化進化的結果，但或許，並不是最後的結果。

在許多視覺藝術中，考驗著我們對自己視覺的開發程度。

一般動物的視覺，停留在被限制的狀態，民間有一句聽起來刻薄的俗

語說：「狗看星星一片明。」

我其實無法想像狗的視覺裡，天上的星辰究竟如何？

Ｙ民，我們有一次共同在島嶼東部的海邊看到了滿天繁星，我們霎時都從心裡驚呼了一聲。啊！那樣繁密、細碎、不斷閃爍的千千萬萬大大小小光點，在像洗過一樣的高高的夜空，像許多跳躍著的生命，使你一下子好像碰觸到了生命最深處的喜悅與憂愁。一整個夜晚，我們躺臥在濤聲一陣陣襲來的岩石上，仰望這一片繁星。沉默無語。

美是什麼？

美是視覺到了無法分辨，理知到了無法分析的狀態嗎？

是否真的有過一隻狗，像人類一樣，靜靜仰望夏夜繁星，以至於熱淚盈眶？

我們讚嘆的那一大片繁星，僅僅是因為我們擁有一雙近似於高畫素相機的眼睛嗎？或者，我們的視覺，引領我們進入另一個浩瀚的心事的領域？引領我們靜觀宇宙浩大，引領我們徘徊在理知的河岸邊緣，知道河岸之外更有不可知的無限時間與空間。

美在理知的邊緣，使我們冥想，使我們可以憑藉一點心事，飛向尚未被科學證明的遼廣領域。

那夏夜天空的繁星，絕大部分還是科學無法解開的謎，但是，在人類美的記憶裡，卻這麼熟悉。

唐代張若虛的《春江花月夜》裡有非常動人的句子：「江畔何人初見月？江月何年初照人？」

張若虛一連問了兩個我們無法回答的問題。江邊，誰是第一個看到了月亮的人？江邊的月亮，哪一年第一次照到了人類？

丫民，人類是那個懂得靜觀月亮的物種嗎？

他的視覺，已經遠遠超出了生存的本能，他的視覺，是他心事的窗口，他的視覺，不只是高畫素的構造，他的視覺，也是儲存量最大的記憶卡。

我閉起眼睛，讓視覺的記憶影像在腦波上流動，我可以使圖像停格、快轉、倒敘、重疊，我在視覺的內視系統裡顯影了心事的圖像，丫民，那一個夜晚的繁星，是我們向外觀看的視覺，但我閉上眼睛，那圖像便從心事上浮起，永遠不再消失。我相信，有一天，我們繪畫的圖像，不會只是向外的觀看，而更多是向內的心事的省視吧。

把視覺只局限在向外的觀看，便只是一般動物的視覺。

藝術裡的視覺，通常並不只是視覺，而是心事。有點像東方宗教裡說的「靜觀」吧！「靜觀」，並不只是「看」，至少是「凝視」，「凝視」裡才有思維和心靈的專注。

如同此時，我靜坐在窗台上，觀看颱風來臨前河面上的光，雲影、水波，魚族和貝類的生命，像一幅可以一直展開的長卷，他們可以獨立，也可以連續，可以遠眺，也可以靜觀。

有白色的鷺鷥輕輕飛翔，低低掠過水面，姿態輕盈優雅，不多時，從水面升起的鷺鷥，長長的喙裡，叼著一條魚。白色鷺鷥飛遠，我還感覺到牠喙中那一條魚的黑點的掙扎。

我真的看到了嗎？或者，我看到的是這浩大的河岸邊生命求活和死滅的因果。

我的視覺，可以遠眺大河浩蕩，可以看大山聳峙，可以看天光雲影的徘徊；而我的視覺，也可以看到極細微的招潮蟹，在退潮的河灘，從泥濘的洞穴裡，膽怯地透出一隻高舉的螯夾，我也看到那鷺鷥口中一個小小的魚的黑點，奮力掙扎蹦跳，彷彿還有逃脱的機會。

我的喜悦和悲哀，都與我的視覺有關。

丫民，你記得唐代的王維嗎？他收藏在世界各大博物館的畫都不可靠，不但不是他的真跡，大多連他的精神都感覺不到。

但是，這位被東方畫史上推崇為「南宗之祖」的畫家，我對他領悟到的「視覺」，充滿了興趣。

他有兩句有名的詩：「大漠孤煙直，長河落日圓。」

感覺一下這兩句詩中領悟的視覺記憶。那麼單純乾淨的畫面，視覺的雜質都沉澱了，才有那麼純粹的線條與造型吧！

王維的視覺革命，不一定在畫裡，卻在他的詩裡。他的視覺一一記錄成了詩句，他使視覺沉澱成為心事。宋代的蘇東坡一語道破，說王維「詩中有畫」。

我想經驗王維的視覺，不是在博物館裡看那些臨摹的偽作，而是在他的詩句中領悟他觀看的方式。

王維看過一條大江，一直看，或許和我今日坐在窗台上一樣，看水面的波光，看雲的倒影，看魚的竄跳。他的視覺，像最先進的攝像的機

械，可以特寫細節，可以廣角，可以拉長鏡頭，可以融焦，可以淡入、淡出，我們的視覺，可以有許許多多觀看和記錄的功能。但是，王維的視覺革命，卻不只停留在「觀看」，王維的詩裡寫下了一句「江流天地外」。

我嘗試體會王維在這一句詩裡領悟到的視覺的極限。我們看一條河，用視覺看，能看到多遠？一條浩浩蕩蕩的大河，一去上千公里，我們的視覺，可以從上游一直看到下游嗎？王維，繪畫上的革命者，他領悟到自己視覺的限制，領悟到「江流天地外」，那存在於視覺之外的浩大與無限，他放棄了西方繪畫裡透視法（Perspective）的堅持，知道透視中堅持的景深焦點，其實是人的自大，他開始為視覺極限之外留下了空白。王維之後，東方繪畫裡的「留白」變成極重要的部分，「留白」正是「江流天地外」的領悟，不是在繪畫裡表現視覺的自大，相反的，是在領悟自己視覺極限之後才可能出現的謙虛與寬容。

王維被奉為「南宗之祖」，也就是為東方美學建立長久「水墨」影響的第一人。

「水墨」的本質在「水」與「墨」，放棄了繪畫習慣上使用的「顏色」。「顏色」是什麼？用通俗的方法回答，是「紅」、「黃」、「藍」、「綠」、「白」、「黑」……。

但是，更準確的科學告訴我們，紅色，可能是一種物質在我們視網膜上產生的波的長短；波的長短，與光的強弱有關，因此，同樣的「紅」，在不同的光的映照下，會產生不同的波的變化，也就產生了不同的「紅」。

因此，從真正的視覺來看，「紅」這個字是沒有意義的，因為，我們視網膜上感受到的「紅」、「黑」、「綠」、「藍」、「黃」都一直在變化，並不是一種固定的色彩。

王維在靜觀的經驗裡，似乎領悟了色彩與光的關係。他寫下了一句詩「山色有無中」。

山的顏色，一般認為是「綠」的，但是，ㄚ民，我今日隔著河看到的山，也一直在變化。不同的光的角度，雲的影子，水面波光的反映，都使山色時時變化。我們能長時間「靜觀」一座山，我們才發現，所謂山的顏色，如此細微而豐富。

需要多長時間的靜觀，我們才能從山的青翠，綠色，暗綠，黃綠，墨綠，一直看到一座山的顏色在光的變化中從存在到消失，從「有」到「無」的全部過程？

「山色有無中」這句詩裡，領悟了極大的存在的喜悅，也領悟了極大的消逝的悵然與憂傷。王維用一支帶著水分的毛筆，以單純的墨色，濃淡乾濕，在看來只有單色的系統裡，達到了視網膜最豐富而細微的創造，他的「山色有無中」，一千多年來，使東方的繪畫領悟了彌足珍貴的「墨分五彩」的哲學，也使東方的繪畫有了視覺上的謙卑。

丫民，入夜以後，風勢加强了。整個屋子在大風的旋轉裡呼嘯，因為可能停電，我準備了手電筒、蠟燭、火柴，我或許會在人類古老的照明工具裡體會一個不同的颱風夜晚的視覺吧。

燭光

《第十封信》

丫民：

最近幾年，視力大不如從前了。眼球的構造真是奇妙，醫生告訴我，眼球有些變形了，所以看近的東西會不容易聚焦。

對於我而言，視力的衰退，也許是生理和心理的雙重的打擊。我一向自負擁有良好的視力，從青少年起，在車上看書，躲在被窩裡看書，在昏暗的光線下看書，無論字體多麼小，好像都沒有問題。

醫生笑著安慰我：「每個人的身體機能都會老化的。」

我理知上接受了醫生的分析，但是，心理上似乎還不能立刻接受。醫生為我配好的眼鏡，擱在一邊，雖然特別挑選了設計精緻昂貴的鏡框，還是不想戴。

我嘗試和自己視力的變化相處，從對抗、拒絕，到慢慢妥協，經過了很長一段時間。我開始減少夜晚讀書的時間，盡量利用白日的自然光線。我把書桌移近更靠窗、照明比較好的地方。我開始把書拿遠，嘗試用另一種看起來更隨意自在的方式閱讀書籍。我訂購了一套一套線裝的版印大字善本書，經、史、子書都有，字很大，看起來非常清晰。我開始了解，古人的版本設計，似乎很有道理。

ㄚ民，有一次我戴起了眼鏡，你看到了，有點驚訝，「咦」了一聲，問道：「我不知道你有近視。」

我白了你一眼，心裡有些好氣又好笑，也不知道如何和一個才二十出頭的小伙子說「眼球會老化」這件事。

ㄚ民，杜甫有一句詩說「老年花似霧中看」。在你現在的年齡，你絕對不會懂這句詩的意思，我年輕時也不懂。

我們的視覺，其實的確是在很長時間，經歷一種自己不容易察覺的變化。你發現嗎？嬰兒的視覺，總是東張西望，好像在不斷搜尋陌生而好奇的物像，要把這些物像牢牢記錄在視覺的記憶裡。青少年啓蒙時期，視覺開始有一種專注，我常常被那個年齡的眼睛吸引。明亮，專心，好像初初開啓了智慧，眼瞳有一種清明澄靜。

視覺是一個學習的窗口，視覺也是一個吐露心事的窗口。

或許，把人類的眼睛做為一台照相機來看待，這一台相機，剛剛購買，就很像嬰兒的眼睛，拿在手上，總是不斷想去東張西望地拍攝東西。記得第一次擁有一台Nikon F2的相機，立刻坐車趕到淡水，東拍西拍，從鏡頭裡看人，看風景。對著瞬息萬變的夕陽，一張一張的拍下去。不斷按快門，好像生怕遺漏了什麼。

年輕時的視覺，是不是像新擁有的相機，迫不及待想要看，想要記錄一切。

我後來認識一位攝影作品很感動我的朋友，他永遠隨身帶著相機，但卻很少拿出來用。我們一起在島嶼上旅行，他總是安安靜靜，他也四處看看，但很從容，不會急躁，也不急迫。

他偶然會拿起相機，按下快門，次數不多，但回來以後，他沖洗出的照片，那些畫面看來平凡，卻的確是旅途中難以忘懷的深刻的影像，好像比大家胡亂搶拍的照片多了一層思維，不只是觀看，也使人靜下來「觀想」。

每一個人擁有的眼睛構造，應該沒有太大的差別。但是每一個人視覺觀看的方法、視覺思維的能力卻都不一樣。如同一支竹子，每一個畫家都畫，呈現的風格卻不一樣，元代倪瓚的竹子，潔淨到一塵不染；

明代徐渭的竹子，常有一種撕裂的、憤怒的痛；清代金農的竹子稚拙可愛，使人想起農家的掃把。竹子看起來都一樣，每個畫家卻各自有各自的「觀想」。

在很漫長的旅途中，剛開始的過度亢奮，可能會慢慢冷靜下來。也會發現，再精密進步的照相機，也會有遺漏，同樣的，再銳利準確的視覺，也無法看完全部的人生。我們視覺「看」的急迫開始慢下來的時刻，是不是視覺裡「思維」的部分將要相對地增加？

ㄚ民，我在視力逐漸衰退的時刻，才讀懂了杜甫晚年的句子：「老年花似霧中看。」有一點自嘲，有一點調侃自己，但的確也似乎在人生生理衰退的無可奈何裡找到了另一種使自己喜悅的觀看事物的方式。

ㄚ民，因為颱風，停電了。

我此刻點燃起蠟燭給你寫信。

古老的時代，人類用火炬、蠟燭、油燈來照明，我們今日電力照明的歷史其實很短。

當電剛剛停的時候，我聽到電話答錄機響了一聲，熄滅了。燈熄滅了，音響忽然停止，不再有聲音。我坐在完全闃暗的室內，聽著窗外呼嘯的聲音，有一段時間，覺得眼前一片漆黑，什麼都看不見。

我看到我擱在桌上的手機上一個微微的綠色的光點，一閃一閃，在黑暗裡變成視覺上的焦點。這一點亮光，像童年暗夜裡飛在空中的螢火蟲。螢火蟲據說是為了求偶，發出頻率相近的訊號，吸引交配的對象。所以，昆蟲也用視覺進行生命的繁衍嗎？

我手機上的亮光，也似乎是一種寂寞中的訊號，是不是，此時許多人，也藉著這一點幽微的視覺上的訊號感覺到什麼？如同亙古以來，人類在天空閃爍的星辰裡得到的訊號，他藉這些訊號思維，他也藉這些訊號有了幻想。

我沒有立刻點燃蠟燭，我讓自己停留在黑暗中很久，用聽覺感受著窗外河流裡的驚濤駭浪，感覺到風的力量，像被擠壓的、滿是委屈憤怒的生命，四處衝突亂撞。我聽到嘩嘩的大浪拍打河岸的聲音，我聽到浪濤湧上路面的聲音。聽到樹葉在劇烈的風裡顫抖、斷折的聲音，聽到風在窗戶的縫隙竄過，發出的「咻」、「咻」的如同口哨聲音。

在視覺暫時被黑暗封閉的狀態，我的聽覺被各種聲音充滿。

我伸出手，嘗試確定蠟燭置放的位置。我伸出去的手，碰到桌子的邊緣，手指沿著桌面摸索，碰到一本書，很柔軟的紙質，我知道是最近購買的一本巾箱本線裝的《宋詞三百首》，這種輕便的小書，古代人

用手巾包著帶在行李箱中專供旅行中閱讀。

我在《宋詞三百首》這本書旁摸到了燭台，銅製的、沉重的燭台，上面已經插好一支蠟燭，我的手順著蠟燭圓形質感鈍澀輕柔的表面，向上一直觸摸到細細短短的一根燭芯。

我又在燭台邊緣摸索到了一盒火柴，打開盒蓋，抽出一根，用指尖確定了火柴頭的位置，壓在火柴盒塗滿磷的邊緣，用力劃一下，火柴燃亮了。我看到了火光、火柴棒、我的手指，看到了白色的蠟燭、黑色的燭芯。看到了金黃色在火光中閃閃發亮的燭台，看見了暗藍色《宋詞三百首》的布質封面，以及裝釘工整的白色的細線。我手中的一根火柴，照亮了大約一公尺方圓的範圍，其他的部分還在黑暗中。但更遠一點的桌、椅、家具，似乎也被一支火柴的光刺激了，也躍躍欲試，要從黑暗中顯現出形狀出來。

丫民，太陽如果是一根小小的火柴，它是否也照亮了浩大宇宙的一個小小部分？

而留在亙古黑暗中的大塊，是我視力所不及的地方，又存在著什麼呢？

我把火柴移近燈芯，燈芯燃燒了起來。光度增加了，我的視力範圍又擴大了一些。

燈光微微搖晃，燭台四周的物件，因為這一支蠟燭的光源，也都有了物體的明和暗，有了受光和背光的部分，當燭火的光微微搖動時，這些物體上的亮光和陰影也隨著晃動搖曳起來。

我許久沒有在燭光裡觀察事務了，使我有了許多視覺的回憶。

我們已經生活在大量使用電力照明的時代，一般來說，我們的視覺總

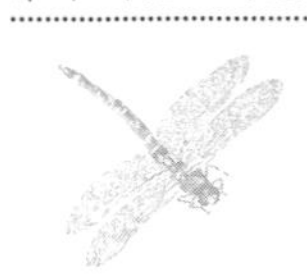

是習慣在非常明亮的光線下觀看物件。電燈照明帶給人類的視覺上的方便與快樂，當然可以了解，但是，我們也許同時也已經被剝奪了在黑暗中觀看物件的機會；沒有機會思考，在沒有電燈的狀況下，我們的視覺會經歷什麼樣的經驗？ㄚ民，對學習美術的青年而言，不會不知道西方長時間以來繪畫的照明工具，並不是電燈，而是光度較暗的火炬、蠟燭或油燈。

還記得你很喜歡的一位義大利畫家卡拉瓦喬（Caravaggio）嗎？他總是在他的畫裡經營著明暗的對比，強調著光源來自的方向，以及光在物體上慢慢陷入於黑暗，或慢慢照亮的過程。

卡拉瓦喬出生於貧民窟，他熟悉的環境裡有飢餓的小孩、有靠偷竊或賣淫維生的少年，有流浪漢、生病而無錢醫治的婦人、臨終的孤獨的老人。

他開始成名後，接受一些貴族、企業主、教會、有錢人的訂購單，要求他畫聖母聖嬰，要求他畫耶穌和他的門徒馬太或保羅。

他把這些基督教傳說裡的聖人，畫在非常暗的背景裡，他們看起來一點也不神聖，他們就像是生活在暗黑環境裡的小孩、少年、男子、生病的婦人。

教會對他畫的一張《聖母之死》非常不滿意。這張畫裡，聖母不像一般畫作中那樣神聖慈祥。卡拉瓦喬使臨終的聖母就像一名受盡病痛折磨的婦人，青蒼著臉，鼓脹著難看的肚子，然而光在畫面上流動著，一種幽微的光，在非常黑暗的畫面中，似乎是唯一的信仰與希望的光。

卡拉瓦喬許多作品是為教堂製作的，目前也還懸掛在教堂一個幽暗的角落。

我在羅馬時，去了幾個觀光客不常到的小教堂，特意尋訪卡拉瓦喬的畫作。

他畫了三張聖馬太像，懸掛在一所小教堂非常暗的角落。你從戶外走進教堂，走到畫的前面，一下子，因為光的反差太大，幾乎什麼也看不見。

我們的視覺習慣了太亮的照明，就看不見幽微的美了。

我坐下來，慢慢適應光線的角度，逐漸看到一道光，一道畫面的光，從右上角斜照下來。光照到的地方，一個男子回頭，用手指著自己，好像在詢問那一道光：「你在召喚我嗎？」

ㄚ民，你知道，福音書裡記載，馬太本來是與錢財為伍的稅吏。有一天耶穌走過去，向他說：「馬太跟我來！」馬太就丟下了錢，跟耶穌走了，成為傳布福音，為信仰殉道的聖徒。

卡拉瓦喬把馬太畫在一群手上抓著錢的稅吏和賭徒中，忽然畫面一道貫穿的光，使馬太好像忽然清醒過來，他轉向光，好像看到了自己心裡的光。卡拉瓦喬認為，光是一種召喚，不是耶穌在召喚馬太，是馬太自己內在的人性的光在召喚他。

卡拉瓦喬在畫面創造的光，被繪畫史稱為「明暗對比法」。但是，卡拉瓦喬或許更關心的，並不是技巧，其實是心靈上的光，或者說，他的畫開啓的，並不是我們的眼睛，而是我們心靈上的視覺。

那所小教堂僻靜幽暗的角落，我記憶深刻。從《聖馬太被召喚》、《天使指引馬太》到《馬太受難殉道》，卡拉瓦喬總是讓我的視覺在經歷一種微弱的燭光，很微弱，在風中似乎隨時就要熄滅，但卻是

黑暗中唯一可以信賴的光。

我坐久了，覺得那個原本闃暗、剛進來時伸手不見五指的空間，其實充滿了光，非常柔和的光，非常幽靜的光，非常穩定而且持久的光。

ㄚ民，此刻我也在這樣的光線裡給你寫信，覺得每一個字的筆劃都寫得很慢，也很謹慎，不像往常在太明亮的狀況寫信時那樣快速和急躁。

許多從關心生態保育觀點提出來的「光害」危機，已經陸陸續續被討論了。因為過度的照明，因為過長時間的照明，「光害」如同一種污染，已經使許多需要在較暗光度中生存繁殖的昆蟲或生物絕種了。例如，螢火蟲，太強的光害，破壞了牠們的訊號，無法完成交配，紛紛瀕臨滅絕。

我所關心的，其實不只是生物傳衍的生態，丫民，對於學習美術的青年而言，你的視覺，在長時間太强的照明下，是否已經失去了觀察幽微細節的可能？

點起一支蠟燭，調暗照明的光，或者嘗試在月光和星光的明度中看山河大地。你會發現，在不同的光的層次下，色彩與線條輪廓會給你完全意想不到的神奇經驗。

你記得德．拉．突爾（George de La Tour）這位法國畫家嗎？他總是喜歡在畫面畫蠟燭。一個少女坐在桌邊沉思冥想，一支蠟燭照著她美麗的容顏。

德．拉．突爾顯然是受了卡拉瓦喬明暗對比法的影響，更具體地用蠟燭來實驗畫面中的光。

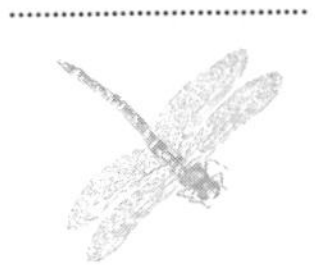

他畫過年幼的耶穌，手裡拿著一支蠟燭，另一支手遮著燭火，好像怕風吹熄了火，也好像用手作遮掩，使光照著正在做工的木匠的父親約瑟。我在羅浮宮看這張畫看了很久，看那隻小小的手，背著光，透露出驚人的美。

用燭光畫畫的畫家，似乎都把聖經的故事畫得更人性化、更真實、更平凡、更貼近世俗人間的生活。

數千年來，人類依賴維生的傳統照明的工具，也帶給畫家一種靜定觀看生命的視覺能力。

我們的視覺是否太騷亂，找不到焦點，找不到關心的對象，我們的視覺好像塞滿了雜亂的圖像，失去了「觀想」的能力。

我在燭光下一個字一個字地書寫，使我自己安靜下來。外面是颱風的夜晚，風狂雨驟，而我在這一支燭光中與你對話，平靜而且滿足。

寫完信之後，我或許會吹滅燭火，我或許會看到最後的火光，帶著一縷裊裊上升的細細的白煙，消失在黑暗中。

而我相信，並沒有真正的黑暗。

荷蘭的畫家林布蘭特（Rembrandt）總是在最黑暗的角落發現光。他畫自己年老的母親，坐在極暗的室內一角，微微有窗口的光，照在古舊的聖經紙頁上，照著母親都是皺紋的老年婦人的手，那隻手正在翻閱聖經。

我在那張畫前站立了好久好久，覺得一點點微微的光，在泛黃的書頁上移動，照亮一行細細密密的印刷體的字，照亮老婦人手背上一條一條皺紋的摺痕。覺得那麼幽靜微弱的光，你的視覺一急促，它便消失

了，因此必須屏息凝神，必須非常靜，才看得到林布蘭特世界最細微的光。

ㄚ民，我想在燭火熄滅之後，坐得更久一點。

我相信在沒有燭火照明下，我的視覺還有宇宙無所不在的光為我照明。

我相信風雨交加的夜晚，窗戶的玻璃上凝結著一粒一粒雨珠的晶瑩的光；我相信河中炸開來的波浪的水花上，濺迸著閃閃爍爍的像煙火瞬間消失的光；我相信河的對岸那一排公寓，和我一樣，因為停了電，家家戶戶也都開始點起了蠟燭，而那一點一點明明滅滅的燭火的光，隔著一條大河，如同星光，也傳達著使我安定與喜悅的訊號。

ㄚ民，我並不在黑暗中，我的視覺如此豐富華麗，覺得是在一個夏夜滿天繁星的簇擁下。

我何其幸運，可以聽到美的聲音，那些鳥雀的啁啾，那些蛙鳴，那些昆蟲欣悅的叫聲，那些漲潮與退潮時迴盪的水流靜靜的聲音。

我何其幸運，可以看到美的事物，看到一朵野薑花在濕潤的空氣裡慢慢綻放，看到天空上行走散步的雲一綹一綹舒卷的緩慢悠閒，看到你眼瞳中充滿美的渴望時的亮光。

我何其幸運，可以嗅聞到一整個季節新開的桂花悠長沁入身體裡的芬芳，可以嗅到整片廣闊草原飛騰起來的泥土和草的活潑的氣息，可以走進結滿檸檬的園子，閉著眼睛，嗅聞果實熟透的歡欣熱烈的氣味。

我何其幸運，可以觸摸一片樹葉如此細密的紋理，可以觸摸一片退潮後的沙灘，可以撫摸心愛的人如春天新草一般的頭髮。

我何其幸運，可以品味生命的各種滋味，在一口濃酒裡，回憶生命的苦澀、辛酸、甘甜，也在一杯淡淡的春茶裡，知道生命可以如此一清如水，沒有牽連糾纏。

ㄚ民，我想到了近代中國一位可敬的畫家黃賓虹，他一生用功於水墨，到了八十歲左右，因為白內障，失去了視力，仍然作畫不輟，面對他九十歲前後山水作品，一片漫漶的墨的濃重裡透露出一絲一絲的光，從最黑暗的墨痕中透出像淚一樣的水痕的光，使人心中一驚。

生命是不會有真正的黑暗的，ㄚ民，在颱風過去之後，想約你去東部的海邊走走，也可以穿行大山中的溪谷，在你沿路寫生的時刻，你會聽到我在遠遠山中長嘯的聲音吧！

感覺十書：蔣勳談美

2009年1月初版　　定價：新臺幣350元
2024年3月三版

著者　蔣勳
叢書主編　莊惠薰
校對　吳淑芳
封面設計　翁國鈞

出版者　聯經出版事業股份有限公司
地址　新北市汐止區大同路一段369號1樓
叢書主編電話　(02)86925588轉5305
台北聯經書房　台北市新生南路三段94號
電話　(02)23620308
郵政劃撥帳戶第0100559-3號
郵撥電話　(02)23620308
印刷者　世和印製企業有限公司
總經銷　聯合發行股份有限公司
發行所　新北市新店區寶橋路235巷6弄6號2F
電話　(02)29178022

副總編輯　陳逸華
總編輯　涂豐恩
總經理　陳芝宇
社長　羅國俊
發行人　林載爵

行政院新聞局出版事業登記證局版臺業字第0130號

本書如有缺頁，破損，倒裝請寄回台北聯經書房更換。
ISBN 978-957-08-7301-6 (平裝)
聯經網址 http://www.linkingbooks.com.tw
電子信箱 e-mail:linking@udngroup.com

國家圖書館出版品預行編目資料

感覺十書：蔣勳談美／蔣勳著．三版．新北市．聯經．
2024.03．224面．14.5×19公分．
ISBN 978-957-08-7301-6（平裝附光碟）
[2024年3月三版]

1. CST：美學 2. CST：感覺 3. CST：文學

182.07 113002139